COMME CHEZ MAMIE

Remerciements

Nous tenons à remercier pour leur contribution à cet ouvrage :
Jean-Louis Broust, Gaétan Burrus, Corinne Fleury, Damien Hervé, Laure Maj,
Karine Marigliano, Anaïs Roué, Marjorie Seger, Véronique Sem,
Marie-France Wolfsperger, KeyGraphic pour la photogravure.

Merci également à tous les membres de l'équipe Marmiton et à l'ensemble des Marmitonautes qui, pour notre plus grand bonheur, apportent chaque jour leur pièce à l'édifice de transmission que constitue Marmiton.

Directrice de collection : **Clémence Meunier**
Mise au point de la maquette : **Sarah Bruey**
Éditrice : **Audrey Génin**
Correctrice : **Maud Foutieau**

© Éditions Play Bac, 2013
33 rue du Petit-Musc
75004 Paris
www.playbac.fr

ISBN : 9 7828096 49642
Dépôt légal : septembre 2013

 Imprimé en Slovénie par Gorenjski Tisk sur des papiers issus de forêts gérées durablement.

Donnez votre avis sur ce livre sur http://enquetes.playbac.fr en entrant le code 649642. Vous pourrez vous inscrire sur la plateforme Play Bac et gagner de nombreux livres et jeux de notre catalogue en cumulant des points.

Toute représentation ou reproduction intégrale ou partielle faite sans le consentement de l'auteur ou de ses ayants droit ou ayants cause est illicite (article L.122-4 du Code de la propriété intellectuelle). Cette représentation ou reproduction, par quelque procédé que ce soit, constituerait une contrefaçon sanctionnée par les articles L.335-2 et suivants du Code de la propriété intellectuelle.

COMME CHEZ MAMIE

playBac

SOMMAIRE

pages 6 à 65 — **LE DIMANCHE CHEZ MAMIE**

pages 66 à 105 — **LE GOÛTER CHEZ MAMIE**

pages 106 à 142 — **LES REPAS DE FÊTES CHEZ MAMIE**

INTRODUCTION

L'odeur gourmande qui s'échappe du four vous renvoie directement 15, 25, 35, 45 ans en arrière ? Vous vous revoyez dans la cuisine de votre grand-mère, son dos qui bouge alors qu'elle remue le plat qui mijote, ses mains farinées qui pétrissent amoureusement la pâte, son sourire alors qu'elle vous tend une tartine de pain beurrée avec un morceau de chocolat… Vous n'êtes pas bien grand(e) mais ce qui se passe dans cette cuisine éveille votre curiosité, vos doigts s'aventurent dans le saladier, accrochent au passage un peu de pâte à gâteau, c'est rudement bon…

Avouez, vous avez longtemps cru que votre mamie était un peu magicienne ? Comment aurait-il pu en être autrement alors qu'elle avait toujours une bonne recette sur le feu et un gâteau prêt à sortir du four ? Aujourd'hui encore, certains plats réveillent en vous des sentiments enfouis avec délice au plus profond de votre MOI gourmand. Vous voilà prévenu(e), avec ce livre, vous vous retrouverez comme chez Mamie.

Bonne dégustation,

Les petits-enfants fans de leur mamie que nous sommes,
L'équipe Marmiton

LE DIMANCHE CHEZ MAMIE

Les classiques de la cuisine française, c'est chez Mamie que vous avez fait leur connaissance. À peine la porte franchie, les effluves d'un plat longuement mijoté vous assaillent : bœuf bourguignon, ratatouille, pot-au-feu, petit salé aux lentilles… Des plats rassurants, conviviaux, chaleureux que l'on retrouve avec plaisir le dimanche chez Mamie, chez soi ou pour recevoir. Il ne vous reste plus qu'à sortir les ronds de serviette, comme chez votre grand-mère, et à garder un peu de place pour le dessert (Mamie est aussi une fine pâtissière).

recette proposée par **Rafi**

VELOUTÉ DE PANAIS ET DE COURGETTES

Pour 4 personnes
Préparation 10 min
Cuisson 35 min
Très facile
Coût €€€

❶ **Grattez le panais et coupez-le** en morceaux.

❷ **Pelez les pommes de terre, la courgette et l'oignon. Coupez-les en morceaux.**

❸ Dans une casserole, **faites rissoler tous les légumes pendant 5 min.**

❹ **Couvrez d'eau et laissez cuire à feu moyen,** pendant 30 min.

❺ **Mixez les légumes** afin d'obtenir un velouté.

❻ Ajoutez un peu de lait ou de crème fraîche si besoin.

> Top des avis :
> " Très bon. Pour ma part, j'ai appliqué la recette mais **j'ai ajouté du fromage frais aux herbes à la fin.** Un délice ! "
> Rokiatou
>
> " Recette simple et sympa. Pour éviter le côté « purée », **je n'ai mis que trois petites pommes de terre Ratte, pas d'oignon pour privilégier le goût du panais, et j'ai ajouté à la fin un peu de cumin en poudre** (très peu), **quelques lardons grillés et du persil frais.** Délicieux ! "
> Finschmecker

Astuce : Vous pouvez assaisonner votre velouté, au choix, avec de la muscade, du cumin, du curry doux ou de la coriandre.

Panais (1 gros ou 2 petits)
Courgette (1)
Pommes de terre (3)
• Oignon (1) • Lait ou crème fraîche

Gibier, volaille (200 g)
Foies de la viande choisie (200 g)
Lard maigre (200 g, ni salé ni fumé)
Madère (50 cl)
Cognac ou calvados (8 cl)
Champignons des bois (150 g)
• Jaunes d'œuf (2) • Poivre noir en grains
• Clous de girofle (2) • Laurier (1 feuille)
• Thym (1 branche) • Ail (1 gousse)
• Farine • Mie de pain • Beurre
• Sel, poivre

TERRINE DE PÂTÉ FORESTIER

Pour 1 terrine de 1 kg
Préparation 50 min
Cuisson 1 h 30
Repos 24 h + 2 h
Facile
Coût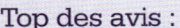

> **Top des avis :**
> " Absolument excellente ! **Je l'ai faite avec une escalope de poulet et des foies de volaille** (+ lard *et tutti quanti*). "
> Dunkinsteph
>
> " En ce qui concerne l'assaisonnement, **je n'ai ajouté que 10 g de sel et 2 g de poivre, et je trouve que c'est l'idéal si l'on ne veut pas avoir une saveur trop poivrée à la dégustation.** N'ayant pas de champignons sous la main, **j'ai mis des noisettes**, et c'était délicieux. " Monique_851
>
> " J'ai servi le tout avec une petite salade de blé, des petits cornichons et des oignons. Un réel succès. À refaire. "
> Frederic_2

Astuce : Cette terrine se conserve au réfrigérateur jusqu'à 4 jours.

❶ Beurrez une terrine (munie d'un couvercle et pouvant aller au four) de 1 kg pour environ 700 g de pâté en fin de cuisson.

❷ **Nettoyez bien les foies, dénervez-les, découpez-les en gros cubes.**

❸ Dans un petit saladier, **mélangez le madère, le cognac, quelques grains de poivre, les clous de girofle, le laurier, le thym et l'ail haché.**

❹ **Plongez les foies** dans ce mélange et laissez mariner pendant environ 24 h.

❺ **Le lendemain, enlevez les aromates. Ôtez les foies de la marinade** sans les éponger. Conservez la marinade.

❻ Préchauffez le four à 170 °C (th. 5-6).

❼ Pour un pâté d'un aspect terroir, faites une purée avec les foies et le lard ; hachez grossièrement la viande et les champignons.

❽ **Ajoutez à la marinade les jaunes d'œuf, 1 c. à soupe de farine, du sel et du poivre. Ajoutez le mélange de viandes et mélangez.**

❾ **Réalisez une pâte qui servira à fermer la terrine :** mélangez de la farine, de l'eau et de la mie de pain.

❿ **Déposez cette préparation dans la terrine et fermez le couvercle avec la pâte.** Faites-y un petit trou pour que l'air s'évapore.

⓫ **Placez la terrine dans un plat rempli d'eau à mi-hauteur et enfournez** pour **1 h 30**.

⓬ Après cuisson, laissez refroidir la terrine au moins 2 h avant de servir.

recette proposée par
Sanaga44

TARTE POTIMARRON, LARDONS ET OIGNONS CARAMÉLISÉS

Pour 8 personnes
Préparation 25 min
Cuisson 35 min
Facile
Coût

> **Top des avis :**
> " J'ai remplacé les lardons et les oignons par du fromage râpé et de la moutarde forte étalée au fond de la tarte. Un délice. "
> Chouks
>
> " Très bon, les œufs battus en neige donnent une texture très agréable. **J'ai remplacé une partie de la crème par du lait,** ça allège ! "
> Alice820
>
> " Très simple et délicieux ! **Je n'avais plus que de la fourme d'Ambert dans mon réfrigérateur,** résultat délicieux aussi ! "
> Thiltoudo

Astuce : Ajoutez un peu de muscade à la préparation au potimarron.

Éplucher un potimarron

❶ Préchauffez le four à 180 °C (th. 6).

❷ **Placez la pâte feuilletée dans un moule à tarte.**

❸ Épluchez puis **coupez le potimarron en morceaux.**

❹ **Faites-le précuire dans une casserole à feu doux,** sans ajouter d'eau afin de l'assécher.

❺ **Réduisez le potimarron en purée.**

❻ Séparez les blancs des jaunes d'œuf.

❼ Dans un saladier, **mélangez les jaunes d'œuf, la crème, du sel et du poivre.**

❽ **Incorporez la purée de potimarron.**

❾ **Battez les blancs d'œuf en neige puis ajoutez-les à la préparation.**

❿ Dans une poêle, **faites revenir les lardons et l'oignon émincé** à feu vif.

⓫ **Répartissez-les sur la pâte à tarte puis versez la préparation au potimarron.**

⓬ **Enfournez** pour environ **35 min**.

Potimarron
(600 g)
Crème fraîche semi-épaisse (25 cl)
Lardons fumés (200 g)
Pâte feuilletée
(1 rouleau)
• Oignon (1 gros) • Œufs (2)
• Sel, poivre

Bœuf pour bourguignon (600 à 800 g)
Vin rouge (1 bouteille)
Carottes (4 ou 5)
Bouquet garni (1)
• Oignons (4 ou 5) • Beurre (100 g) • Sel, poivre

BŒUF BOURGUIGNON

Pour 4 personnes
Préparation 1 h
Cuisson 5 h minimum
Facile 🟠
Coût 🟠🟠🟠

❶ **Détaillez la viande en cubes** de 3 cm de côté, enlevez les gros morceaux de gras.

❷ **Coupez les oignons** en morceaux. **Faites-les revenir** dans une poêle avec une noix de beurre. Une fois transparents, versez-les dans une cocotte en fonte.

❸ **Procédez de même avec la viande mais en plusieurs fois,** jusqu'à ce que tous les morceaux soient cuits. Ajoutez-les au fur et à mesure dans la cocotte. N'hésitez pas à rajouter du beurre entre chaque fournée.

❹ Quand toute la viande est dans la cocotte, **déglacez la poêle avec un peu de vin** (ou de l'eau) et faites bouillir en raclant bien le fond pour récupérer le suc. **Salez, poivrez et versez dans la cocotte.**

❺ **Recouvrez le tout avec une partie du vin et laissez mijoter quelques heures** avec le bouquet garni et les carottes coupées en rondelles.

❻ **Le lendemain, faites de nouveau mijoter la viande** pendant au moins 2 h, en plusieurs fois. Ajoutez du vin ou de l'eau si nécessaire.

> **Top des avis :**
> " Comme viande, j'ai utilisé de la poire et j'ai ajouté de la farine dans le dernier quart d'heure de cuisson pour ne pas avoir une sauce trop liquide. " Sculder01

" Le petit plus : **ajoutez trois à quatre carrés de chocolat noir.** "
Justi33

La recette du bœuf bourguignon

Astuce : Le secret est de bien faire revenir la viande à feu fort pour qu'elle soit très dorée voire presque noire. Plus le plat aura mijoté très doucement avec des phases de repos, meilleur il sera (trois jours, c'est encore mieux).

CHOU FARCI EN COCOTTE

Pour 6 personnes
Préparation 30 min
Cuisson 3 h
Facile 🟠
Coût 🟠🟠🟠

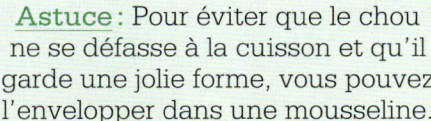

Top des avis :
" C'était la première fois que je cuisinais un chou. **Non seulement cette recette est simple mais elle est exceptionnelle !** Un grand merci, nous nous sommes régalés. "
Cecile_3132

" **Je n'ai pas farci le chou entier** seulement les grandes feuilles afin de faire des choux farcis individuels. "
Leclercjosette

Astuce : Pour éviter que le chou ne se défasse à la cuisson et qu'il garde une jolie forme, vous pouvez l'envelopper dans une mousseline.

① **Nettoyez et enlevez les grandes feuilles du chou, puis faites-le blanchir 10 min** dans de l'eau bouillante salée.

② Pendant ce temps, **pelez les carottes et l'oignon et coupez-les en rondelles.**

③ **Tapissez une grande cocotte de couennes de lard.**

④ **Égouttez le chou,** puis pressez-le pour extraire toute l'eau absorbée.

⑤ **Déposez un peu de chair à saucisse au centre du chou, puis répartissez le reste entre ses feuilles** en veillant à ne pas les casser.

⑥ **Enveloppez le chou farci de bardes de lard puis ficelez-le** avec de la ficelle de cuisine.

⑦ **Déposez le chou farci sur le lit de couennes** et entourez-le de rondelles d'oignon et de carottes.

⑧ Salez, poivrez, puis **arrosez le chou de vin et de bouillon.**

⑨ **Laissez cuire le chou 3 h** à couvert et à feu doux en le mouillant de temps en temps avec le jus de cuisson.

⑩ **Sortez le chou de la cocotte**, ôtez la ficelle et les bardes qui l'entourent.

⑪ Découpez le chou en quartiers puis dressez-le sur un plat de service chaud.

⑫ **Nappez-le de jus de cuisson** et servez.

Chou (1)
Chair à saucisse (500 g)
Lard (quelques bardes + quelques couennes)
Carottes (2)
Vin blanc (12 cl)
• Oignon (1)
• Bouillon (25 cl)
• Sel, poivre

Viande de bœuf grasse (500 g)
Viande de bœuf maigre (500 g)
Viande de bœuf gélatineuse (500 g)
Os à moelle (1)
Céleri (1 branche)
Poireaux (4) / **Carottes** (4)
Bouquet garni (1)
• Oignons (2) • Ail (1 gousse)
• Clous de girofle (2)
• Gros sel, poivre noir en grains

POT-AU-FEU

Pour 4 personnes
Préparation 45 min
Cuisson 4 h
Moyennement difficile
Coût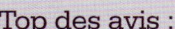

> Top des avis :
> " Tout simplement excellent, **j'ai juste ajouté un chou et des navets jaunes,** un régal. "
> Zazafrafra
>
> " Je l'ai fait avec de la joue de bœuf et de la queue de bœuf, c'est un peu plus cher mais c'est le top du top et la viande reste extrêmement tendre ! " Calino
>
> " Petite astuce pour ne pas tomber sur un clou de girofle ou un grain de poivre. **Je mets les grains de sel et les clous de girofle dans une boule à thé…** qu'il suffit de sortir du bouillon en fin de cuisson. "
> Barbarian_bros

<u>Astuce</u> : Le bouillon du pot-au-feu peut se consommer seul ou être la base de divers potages.

❶ Ficelez les morceaux de viande pour qu'ils se maintiennent en forme pendant la cuisson.

❷ **Épluchez les carottes, les poireaux et la branche de céleri.** Coupez-les en gros morceaux.

❸ Pelez la gousse d'ail et les oignons.

❹ **Piquez un oignon avec les clous de girofle.**

❺ **Faites dorer le second, à sec, au four :** il colorera le bouillon.

❻ **Dans un faitout, mettez tous les morceaux de viande et l'os à moelle,** préalablement enveloppé dans une mousseline pour éviter que la moelle ne se répande. **Mouillez avec 5 l d'eau froide.** Salez au gros sel.

❼ **Portez à ébullition** et laissez bouillir en écumant régulièrement, jusqu'à ce qu'il ne se forme plus d'écume.

❽ **Ajoutez-y les oignons, les carottes, les poireaux** (liés en botte avec une ficelle), **le céleri, l'ail et le bouquet garni,** préalablement ficelé. **Ajoutez 12 grains de poivre.**

❾ **Portez de nouveau à ébullition, puis laissez cuire,** à couvert, sur feu très doux, pendant **au moins 4 h**. Dégraissez en cours de cuisson.

❿ Présentez la viande et les légumes dans un plat chaud et servez avec des cornichons, du gros sel et de la moutarde forte.

recette proposée par
Mélanie_309

GRATIN DE PÂTES AU JAMBON

Pour 4 personnes
Préparation 5 min
Cuisson 15 min
Très facile
Coût

❶ **Faites cuire les pâtes** *al dente* dans de l'eau bouillante salée (elles continueront de cuire au four).

❷ **Coupez le jambon en dés** ou en fines lamelles.

❸ Dans un saladier, **mélangez la crème fraîche, l'Arôme Maggi, du sel et du poivre** de manière à obtenir un mélange onctueux.

❹ **Ajoutez-y les pâtes et le jambon et mélangez.**

❺ **Disposez le tout dans un plat à gratin** beurré.

❻ **Parsemez de gruyère râpé.**

❼ **Placez sous le gril du four** chaud pendant une dizaine de minutes.

> **Top des avis :**
> " Rapide et très bon. **J'ai rajouté du parmesan dans la sauce à la crème,** c'était encore meilleur. " Magali_1731

> "Bonne recette rapide et très simple (ma fille de 4 ans et demi aime beaucoup m'aider à la réalisation de celle-ci). En plus, **les enfants adorent ce plat!**" Celia_246

Astuce : Pour un plat encore plus gourmand, ajoutez des champignons en boîte et des oignons émincés.

Pâtes, type macaronis (400 g)
Jambon blanc (4 tranches)
Crème fraîche épaisse (2 c. à soupe)
Arôme Maggi (1 c. à café)
• Gruyère râpé • Beurre
• Sel, poivre

Lapin (1, d'environ 2 kg)
Vin rouge, côtes-du-rhône (45 cl)
Lardons (150 g, facultatif)
Champignons (200 g, facultatif)
• Oignon (1) • Farine (2 c. à soupe)
• Beurre (150 g) • Laurier (4 feuilles séchées)
• Sel, poivre

recette proposée par **Sarah_2**

LAPIN EN CIVET À L'ANCIENNE

Pour 6 personnes
Préparation 40 min
Cuisson 1 h 45
Facile
Coût

❶ Découpez le lapin.

❷ **Faites revenir les morceaux dans une cocotte avec le beurre, l'oignon émincé et quelques pincées de sel** jusqu'à ce qu'ils soient bien dorés.

❸ **Ajoutez le foie et les rognons du lapin** et faites-les revenir quelques instants.

❹ Ajoutez également les lardons et les champignons.

❺ **Saupoudrez de farine. Mouillez avec un petit verre de vin, puis ajoutez progressivement le reste du vin,** en remuant pour bien lier la sauce. Si la sauce est trop forte en goût, ajoutez un petit verre d'eau.

❻ **Salez et poivrez puis ajoutez les feuilles de laurier.**

❼ **Laissez mijoter** à feu doux pendant environ **1 h 30**.

Top des avis :
" J'ai réalisé cette recette avec du vin blanc, ce qui est une tradition dans le Lyonnais… **J'ai fait mariner les morceaux la veille.** Résultat excellent. " Bernadette_91

"Recette suivie à la lettre, c'est un délice. **C'est encore meilleur préparé la veille et réchauffé.** "
Sissinette

Découper du lapin

Astuce : Le petit secret d'une sauce réussie est le sang du lapin, à incorporer avec le premier verre de vin. En attendant son utilisation, n'oubliez pas de lui ajouter quelques gouttes de vinaigre pour l'empêcher de coaguler !

recette proposée par **Natou**

POTÉE AUX NAVETS

Pour 4 personnes
Préparation 20 min
Cuisson 40 min
Très facile
Coût

1. **Épluchez les pommes de terre et coupez-les en morceaux.**
2. **Épluchez les navets et coupez-les en quartiers.**
3. Dans une cocotte, **faites rissoler le lard** coupé en morceaux, dans une noix de beurre.
4. **Déglacez avec un peu de lait.**
5. **Ajoutez les pommes de terre et les navets. Recouvrez aux deux tiers de lait.** Salez un peu et poivrez. Ajoutez de la noix de muscade.
6. Laissez cuire jusqu'à ce que les légumes soient tendres.
7. **Servez sur des assiettes et parsemez de fromage râpé.**

Top des avis :
" Une très bonne façon d'accommoder les navets, **un plat d'hiver bien réconfortant, facile et complet !** " Marie-Noelle_14

" Délicieux ! **Bien surveiller la cuisson…** À faire sans hésiter ! " Misstinguette

Préparer des navets

Astuce : Remplacez les lardons par de la saucisse fumée coupée en morceaux.

Pommes de terre (6 grosses)
Lard fumé (200 g)
Navets (6)
• Lait (30 cl) • Beurre • Noix de muscade • Gruyère râpé • Sel, poivre

Macreuse (1,2 kg)
Poitrine fumée (250 g)
Oignons (250 g)
Carottes (500 g)
Olives vertes (100 g)
Bouquet garni (1)
Vin blanc sec (50 cl)
Cognac (4 cl)
• Ail (2 gousses) • Beurre
• Sel, poivre

DAUBE À L'ANCIENNE

Pour 6 personnes
Préparation 40 min
Cuisson 3 h 30
Facile 🟠
Coût 🟠🟠🟠

> Top des avis :
> " Très bonne recette. **La prochaine fois, je ferai un mélange de viandes de bœuf avec du gîte, de la poitrine, et moins de macreuse.** " Floreal31
>
> " Une daube absolument délicieuse. **Pour moi, le secret est une cuisson très lente, la viande devient fondante et c'est un véritable régal.** "
> MarieAnne_108
>
> " Très bon et très facile à réaliser. **Pour ma part, j'ai rajouté des carottes, le tout accompagné d'une polenta, ma famille s'est régalée.** "
> Audrey_1711

<u>Astuce</u> : Pour une viande encore plus tendre, faites-la mariner la veille dans du vin rouge agrémenté d'aromates (oignon, thym, laurier).

❶ **Coupez la macreuse en gros cubes et faites-les dorer** dans une cocotte avec une noix de beurre.

❷ Ôtez les morceaux de viande de la cocotte et placez-les sur une assiette.

❸ **Jetez dans la graisse de cuisson les carottes et les oignons coupés en épaisses rondelles ainsi que la poitrine fumée coupée en dés.** Laissez blondir.

❹ **Mouillez avec le vin blanc. Aromatisez avec le cognac, le bouquet garni et l'ail pilé. Salez et poivrez** généreusement.

❺ **Replacez les morceaux de macreuse dans la sauce.**

❻ **Couvrez et laissez mijoter** à feu doux pendant 3 bonnes heures.

❼ **Ajoutez les olives vertes dénoyautées** dans la cocotte.

❽ **Laissez cuire encore 15 min,** sans couvrir, afin que la sauce réduise un peu.

recette proposée par
E106900

HACHIS PARMENTIER

Pour 4 personnes
Préparation 25 min
Cuisson 40 min
Facile
Coût

Top des avis :
" Excellent. **J'ai juste remplacé le beurre par de l'huile d'olive.** "
Doctryne

" **Je mets 2 jaunes d'œuf et j'ajoute de la chapelure au-dessus de la purée.** C'est délicieux et simple à réaliser, merci ! "
Yerdua1980

Astuce : Ajoutez à la viande hachée 1 ou 2 carottes hachées.

❶ Préparez la purée : **faites cuire les pommes de terre** épluchées dans de l'eau bouillante salée pendant une trentaine de minutes.

❷ Pendant ce temps, **hachez les oignons et les gousses d'ail et faites-les revenir dans une cocotte avec une noix de beurre.**

❸ **Ajoutez les tomates coupées en dés, la viande hachée, la farine, du sel, du poivre et des herbes de Provence.** Laissez mijoter.

❹ Quand tout est cuit, coupez le feu puis **ajoutez le jaune d'œuf et un peu de parmesan.** Mélangez.

❺ **Étalez cette préparation au fond d'un plat à gratin.**

❻ Préchauffez le gril du four.

❼ **Égouttez les pommes de terre et écrasez-les** avec un presse-purée. Ajoutez le lait et une noix de beurre. Mélangez bien.

❽ **Étalez la purée sur la viande. Saupoudrez de fromage râpé et faites gratiner au four.**

Viande hachée (400 g)
Tomates (2)
Pommes de terre (1 kg)
• Oignons (2) • Ail (2 gousses)
• Œuf (1 jaune) • Farine (1 c. à soupe)
• Herbes de Provence
• Parmesan • Lait (20 cl)
• Fromage râpé
• Beurre
• Sel, poivre

Lapin (1)
Pruneaux d'Agen (250 g, dénoyautés)
Bouquet garni (1)
Bière brune (25 cl)
• Oignon (1 gros) • Eau (12 cl)
• Pain (1 tranche) • Moutarde de Dijon • Beurre
• Sel, poivre

LAPIN AUX PRUNEAUX

Pour 4 personnes
Préparation 30 min
Cuisson 1 h
Très facile
Coût

❶ **Tartinez généreusement la tranche de pain de moutarde.**

❷ **Découpez le lapin en morceaux.**

❸ Dans une cocotte, **faites fondre une noix de beurre. Ajoutez les morceaux de lapin et faites-les dorer.** Salez et poivrez. Mettez la viande de côté.

❹ **Faites revenir l'oignon coupé en lamelles** dans la cocotte avec un peu de beurre.

❺ **Ajoutez les morceaux de lapin et le bouquet garni.**

❻ **Couvrez avec la bière et l'eau. Ajoutez le pain à la moutarde et laissez cuire** à feu doux pendant environ 1 h.

❼ **À mi-cuisson, ajoutez les pruneaux.** Rectifiez l'assaisonnement si nécessaire.

❽ Servez avec des pommes de terre vapeur et des prunes au vinaigre de vin.

Top des avis :
" C'est vraiment excellent et très facile à réaliser. **À la place de la tartine, j'ai utilisé un peu de fécule de maïs.** "
Christelle_2905

" **Je remplace le pain par du pain d'épices et je rajoute trois baies de genévrier.** C'est encore meilleur préparé la veille. "
Michel_116

Découper du lapin

Astuce : Avant d'ajouter les pruneaux, retirez la viande de la cocotte et mixez la sauce afin qu'elle soit bien lisse et épaisse.

PURÉE DE POTIMARRON

Pour 2 personnes
Préparation 30 min
Cuisson 1 h
Très facile
Coût

1. **Épluchez le potimarron,** coupez-le en deux et ôtez les pépins.

2. **Coupez le potimarron en morceaux** de taille égale (environ 3 cm de côté).

3. **Épluchez l'ail et réduisez-le en purée** au fond d'une casserole à fond épais.

4. **Ajoutez l'huile et les morceaux de potimarron.** Remuez le tout.

5. **Couvrez et laissez fondre** les morceaux de potimarron sur feu doux. Remuez de temps en temps pour empêcher les morceaux de coller au fond.

6. Une fois les morceaux de potimarron fondus, **ajoutez le lait concentré non sucré ou la crème.** Le lait sert à rendre la purée plus ou moins onctueuse selon vos goûts : elle doit rester assez épaisse.

7. **Ajoutez du sel, du poivre et servez chaud.**

❝ **Top des avis :**
" Pour éplucher plus aisément le potimarron, **passez-le, nature, au micro-ondes, 3 min, à réglage moyen.** On peut **mettre moins de crème selon l'onctuosité** pour alléger. " Catherine_3632

" J'ai précuit le potimarron **à la vapeur,** avec la peau, **puis je l'ai fait revenir comme indiqué, avec une pointe de gingembre,** c'était très bon. " Marion_144 ❞

Éplucher un potimarron

Astuce : Si vous utilisez un potimarron bio, n'hésitez pas à conserver la peau.

Potimarron (500 g de chair)
Lait concentré non sucré ou crème épaisse (10 cl)
• Ail (1 gousse) • Huile végétale (arachide ou raisin, 2 ou 3 c. à soupe)
• Sel, poivre

Lentilles vertes du Puy (600 g)
Carottes (5)
Champignons de Paris émincés (150 g)
Lardons fumés (300 g)
Purée ou coulis de tomates (35 cl)
Crème fraîche (25 cl)
• Oignons (3) • Bouillon de volaille (2 l, soit 4 cubes) • Laurier (2 feuilles)
• Herbes de Provence
• Sel, poivre

recette proposée par
Auyo_1

RAGOÛT DE LENTILLES VERTES

Pour 6 à 8 personnes
Préparation 25 min
Cuisson 1 h 35
Très facile
Coût €€€

❶ Épluchez les oignons et les carottes. **Émincez les oignons, coupez les carottes en rondelles.**

❷ Dans une grande cocotte, **faites rissoler les oignons** pendant 5 min.

❸ **Ajoutez les lardons, les carottes, les champignons et les aromates.**

❹ Salez, poivrez et **laissez revenir le tout 10 min** en remuant souvent.

❺ **Ajoutez la purée de tomates et les lentilles puis versez le bouillon de volaille. Laissez cuire pendant 1 h** environ (jusqu'à ce que les lentilles soient tendres).

❻ **Égouttez les lentilles** avec une écumoire.

❼ Pour la sauce, **mélangez le jus de cuisson avec 6 bonnes cuillères à soupe de lentilles puis ajoutez la crème et laissez réduire pendant 15 min** à feu vif.

❽ **Mixez la sauce et ajoutez-la aux lentilles.**

❾ Servez bien chaud en plat unique ou en accompagnement de viande ou de volaille.

Top des avis :
" **Le résultat est parfait. Je l'ai fait sans crème fraîche et c'est exactement le plat de lentilles réconfortant qu'il faut pour l'automne…** Un classique à faire et à refaire. " Nico6358

" Excellente recette de lentilles. **J'ai remplacé les lardons par du bacon.** " Zenobie

" Excellent ! **J'ai ajouté de la saucisse de Morteau préalablement cuite dans l'eau frémissante** et ajoutée au plat en fin de cuisson ! " Natora

Astuce : Selon la qualité des lentilles, le temps de cuisson peut varier, n'hésitez pas à le rallonger si besoin.

recette proposée par **Marion_38**

GRATIN DAUPHINOIS

Pour 4 à 6 personnes
Préparation 30 min
Cuisson 1 h
Très facile
Coût €€€

❶ Préchauffez le four à 120 °C (th. 4).

❷ **Épluchez les pommes de terre et coupez-les en rondelles.**

❸ **Pressez l'ail** dans un bol.

❹ Nappez le fond d'un plat à gratin de crème liquide.

❺ **Alternez ensuite les pommes de terre, la crème et l'ail,** jusqu'à épuisement des ingrédients.

❻ Terminez en nappant de crème, salez et poivrez.

❼ **Enfournez pour au moins 1 h.**

❝
Top des avis :
" *The* gratin dauphinois ! À four doux, avec du papier alu sur le plat en début de cuisson, succès assuré. Ce classique se marie avec de nombreuses viandes. "
Marie_2152

" Impeccable ! **J'utilise de la crème épaisse et je coupe mes pommes de terre très finement.** "
Christophe_de_Marmiton

" En suivant la recette et les quantités, le gratin a été réussi. **Avec un peu de fromage râpé au-dessus, c'était idéal.** "
Nathalie_5876
❞

Astuce : Vous pouvez remplacer l'ail par des lamelles d'oignon et ajouter de la muscade râpée.

Pommes de terre Belle de Fontenay (1 kg)
Crème liquide (1 l)
• Ail (2 gousses)
• Sel, poivre

Pommes de terre (500 g)
Tomme fraîche de l'Aubrac (500 g)
Crème fraîche (200 g)
• Ail (1 gousse) • Beurre (200 g) • Sel

recette proposée par **Myrtille**

ALIGOT

Pour 6 personnes
Préparation 30 min
Cuisson 12 min
Très facile
Coût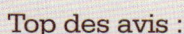

> **Top des avis :**
> " Rien à redire sur cette recette. **À servir avec des saucisses de Toulouse. À essayer sans hésiter !** " Jeanluc_26
>
> " Recette très facile à réaliser, pour **un résultat dépassant toutes mes espérances** ; même meilleur qu'au restaurant… " Annie_142
>
> " J'ai retrouvé le goût des vacances de mon enfance. **J'ai juste mis moins de beurre et de crème car c'est ce qui me restait et c'était parfait !** " Choubatrax

Astuce : Vous devez toujours mélanger la purée dans le même sens et en dessinant des 8.

❶ **Épluchez les pommes de terre,** coupez-les en morceaux et **faites-les cuire 7 min à la cocotte-minute** (ou, à défaut, 20 min dans une casserole d'eau bouillante salée).

❷ Pendant ce temps, **coupez la tomme en fines lamelles.**

❸ Dans une marmite, **mélangez le beurre coupé en dés, la crème fraîche et l'ail écrasé sur feu doux** jusqu'à ce que le beurre soit fondu.

❹ **Passez les pommes de terre au moulin à légumes** (ne les mixez pas) au-dessus de la marmite.

❺ Remettez sur feu doux et remuez vigoureusement avec une cuillère en bois.

❻ D'un seul coup, **ajoutez la tomme et mélangez énergiquement** avec la cuillère en bois.

❼ Toujours sur le feu, soulevez plusieurs fois l'aligot avec la cuillère, il doit former des rubans.

❽ Goûtez et ajustez l'assaisonnement en sel.

BLANQUETTE DE VEAU

recette proposée par **Bernie6210**

Pour 6 personnes
Préparation 1 h
Cuisson 1 h 30
Très facile
Coût

Top des avis :
" **Avec une bonne viande achetée chez son boucher,** cette blanquette est vraiment un délice. " Vicky80

" Très bonne recette, elle restera dans mes classiques. **J'ai juste ajouté quelques olives vertes et 2 c. à café de fond de veau. Rien à dire, merci.** " Noname

" Très bon ! **Je n'ai pas mis la carotte et j'ai ajouté un fond de veau** sinon je n'ai rien changé. **J'ai accompagné de pommes de terre vapeur. Miam !** "
Valérie_5353

Astuce : Vous pouvez remplacer les champignons de Paris par un mélange de champignons sauvages.

❶ **Coupez le lard en dés et faites-le dorer** dans une cocotte avec l'huile. Transvasez-le sur une assiette.

❷ Dans la même cocotte, **faites dorer l'oignon haché.** Retirez-le.

❸ **Faites-y sauter les morceaux de blanquette.** Une fois bien colorés, **saupoudrez-les de 1 c. à soupe de farine.** Mélangez.

❹ **Mouillez avec le vin blanc,** puis remettez le lard et l'oignon.

❺ **Ajoutez la carotte coupée en morceaux, du sel, du poivre et du thym. Remuez le tout et recouvrez d'eau chaude.** Mettez le couvercle et laissez cuire à feu doux pendant 1 h 30.

❻ **Vingt minutes avant la fin de la cuisson, ajoutez les champignons de Paris** lavés et épluchés.

❼ Préparez une sauce blanche. Pour cela, **faites fondre le beurre, jetez-y le reste de farine et remuez vivement. Mouillez avec une grande louche de jus de cuisson** de la blanquette. Mélangez et laissez cuire jusqu'à ce que la sauce épaississe.

❽ **Versez la sauce blanche dans la cocotte.**

❾ Quelques instants avant de servir et hors du feu, **liez la sauce avec un jaune d'œuf et la crème fraîche.** Servez bien chaud.

Lard fumé (250 g)
Blanquette de veau (1 kg)
Vin blanc sec (12 cl)
Carotte (1)
Champignons de Paris (250 g)
Crème fraîche (20 cl)
• Oignon (1) • Farine (2 c. à soupe) • Œuf (1) • Beurre (40 g) • Huile (1 c. à soupe) • Sel, poivre • Thym

Agneau : haut de gigot, collier, plat de côtes (1 kg, en morceaux)
Carottes (8) / **Navets** (8)
Petits oignons (12)
Pommes de terre moyennes (10)
Bouillon (75 cl) / **Bouquet garni** (1)
Concentré de tomates (75 g)
Persil (1 bouquet)
• Ail (8 gousses) • Farine complète (1 c. à soupe) • Huile d'olive (3 c. à soupe) • Épices à couscous (2 c. à café) • Gros sel (3 c. à café)

recette proposée par **Mariehelene_171**

NAVARIN D'AGNEAU

Pour 4 personnes
Préparation 40 min
Cuisson 2 h
Facile
Coût

❶ Faites réchauffer le bouillon dans une casserole.

❷ Dans une cocotte, **faites revenir l'agneau dans 2 c. à soupe d'huile d'olive. Ajoutez 1 c. à café d'épices à couscous et 1 c. à café de gros sel**. Mélangez bien.

❸ Quand les morceaux sont dorés, **ajoutez l'ail écrasé et le concentré de tomates. Mélangez bien.**

❹ Retirez la viande. **Versez la farine dans la sauteuse et ajoutez le bouillon chaud en fouettant.**

❺ **Déposez la viande dans la sauce avec le bouquet garni. Laissez mijoter** à feu doux. Au bout de 45 min de cuisson, **coupez les carottes et les navets en deux, faites-les dorer dans une poêle avec les oignons dans 1 c. à soupe d'huile d'olive, 1 d'épices à couscous et 1 de gros sel.** Ajoutez-les dans la cocotte.

❻ **Versez une louche de sauce de cuisson dans la poêle pour déglacer** puis remettez le jus obtenu dans la cocotte. La sauce ne doit pas être trop liquide et doit juste couvrir les légumes et la viande. **Poursuivez la cuisson 30 min**.

❼ **Ajoutez les pommes de terre coupées en deux. Laissez cuire 30 à 45 min.**

❽ Dégraissez la sauce et servez avec un hachis de persil frais.

Top des avis :
" Bonne recette avec une sauce et un accompagnement très goûteux. **N'aimant pas l'agneau, j'ai testé avec du sauté de porc !** " Sandra_1575

" Délicieux plat complet, **j'ai ajouté des petits pois congelés et des pois gourmands 10 min avant de servir**, tout le monde a adoré. " Cyf_75

" Excellent. Un véritable régal pour les papilles. **J'ai ajouté ½ c. à soupe de farine pour épaissir davantage la sauce.** " Nicolas_371

Astuce : Pour un plat encore plus savoureux, préparez-le la veille pour le lendemain.

recette proposée par **Arielle_26**

POÊLÉE DE PÂTISSON

Pour 4 personnes
Préparation 30 min
Cuisson 25 min
Très facile
Coût

❶ **Épluchez le ou les pâtissons, enlevez les graines et coupez-les en tranches** très fines avec une mandoline ou un robot.

❷ **Coupez les champignons en lamelles.**

❸ Dans une poêle, **faites chauffer 2 c. à soupe d'huile d'olive, et ajoutez les lardons, les tranches de pâtisson et les champignons.**

❹ **Salez et parsemez de feuilles de romarin. Laissez cuire 20 bonnes minutes** : il faut que l'eau des champignons se soit évaporée, qu'ils soient dorés et les pâtissons translucides.

❺ **Ajoutez l'ail haché, laissez cuire 5 min** de plus.

❻ Servez sans attendre.

Top des avis :
" Premier essai de cette recette, et c'est un succès. **J'ai cependant ajouté dans cette poêlée trois tomates séchées ce qui a donné une note particulière très agréable.** " Cascantina

" J'ai beaucoup aimé cette recette. **J'ai remplacé les champignons par des petits pois : un régal !** " Hariele

" **J'ai ajouté un peu de curcuma pour relever le plat**, et de la crème fraîche au moment de servir. C'était très bon. Merci." Helene_3200

Astuce : Pour éplucher un pâtisson, il suffit de l'ébouillanter quelques minutes (entier ou coupé en deux selon la taille).

Pâtisson (1 gros ou 2 moyens)
Lardons (200 g)
Champignons (500 g)
• Ail (1 gousse) • Romarin (1 c. à soupe) • Huile d'olive
• Sel, poivre

Magrets de canard (2)
Miel (3 c. à soupe)
Vinaigre balsamique (3 c. à café)
• Poivre

MAGRETS DE CANARD AU MIEL

Pour 2 personnes
Préparation 10 min
Cuisson 10 min
Facile
Coût

Top des avis :
" **J'ai utilisé un miel de lavande pour un goût très parfumé !** Tout le monde a aimé ! " Floflo29

" Pour ma part, avant de déglacer, **j'ai fait revenir quelques échalotes pour apporter une petite saveur supplémentaire à la sauce.** " Claireaudrey

" Délicieux. Rien à modifier. **J'ai accompagné les magrets d'un gratin dauphinois.** " Nadine_265

<u>Astuce</u> : Pour une sauce plus onctueuse, ajoutez un peu de crème liquide.

❶ **Incisez la peau des magrets en quadrillage** sans couper la viande.

❷ **Faites cuire les magrets à feu vif** dans une cocotte en fonte, en commençant par le côté peau. Comptez environ **5 min de cuisson de chaque côté.** Retirez régulièrement la graisse en cours de cuisson.

❸ **Réservez les magrets au chaud** (au four, couverts d'une feuille d'aluminium).

❹ **Déglacez la cocotte avec le miel et le vinaigre balsamique.** Ne faites pas bouillir, la préparation tournerait au caramel. Poivrez bien.

❺ Servez les magrets avec la sauce à part.

❻ Accompagnez de petits navets glacés (cuits à l'eau puis passés au beurre avec un peu de sucre).

recette proposée par
Kribu89

CASSOULET

Pour 10 personnes
Préparation 12 h + 45 min
Cuisson 3 h
Moyennement difficile
Coût

> Top des avis :
> " **Je n'ai pas mis de petit salé mais j'ai utilisé des saucisses fumées.** Nous étions huit (dont deux « bons mangeurs ») et tout le monde s'est régalé. " Pommeliane
>
> " Merci pour cette recette. **J'ai mis des tomates fraîches de mon jardin. Pour les haricots, j'ai mis des mogettes de Pont-l'Abbé,** mais la prochaine fois j'essaierai avec des cocos. " Aubergine23

Astuce : Ajoutez des manchons de canard confit et utilisez la graisse contenue dans la boîte.

❶ La veille : **faites tremper les haricots** dans un saladier d'eau froide. **Plongez le petit salé dans une cocotte remplie d'eau froide et laissez-le 30 min.** Changez l'eau et laissez-le tremper à nouveau 30 min. Égouttez-le et placez-le au frais jusqu'au lendemain.

❷ Le jour J : **égouttez les haricots et mettez-les dans un grand faitout en y ajoutant la poitrine coupée en 10 morceaux, 1 oignon pelé et coupé en quatre, le laurier et le thym.** Couvrez d'eau. À ébullition, écumez, couvrez et laissez cuire 1 h à petits frémissements.

❸ Dans une poêle, faites chauffer 2 c. à soupe de graisse de canard ou d'oie, **faites-y colorer 1 oignon et les gousses d'ail pelés et hachés.** Déposez le tout sur du papier absorbant.

❹ Remettez 2 c. à soupe de graisse dans la poêle et **faites-y dorer les saucisses et les tranches de saucisson à l'ail pendant 15 min.** Mettez-les de côté.

❺ **Faites revenir le petit salé dans 2 c. à soupe de graisse pendant 5 min.**

❻ Préchauffez le four à 150 °C (th. 5).

❼ **Égouttez les haricots** en conservant le jus de cuisson.

❽ **Graissez largement un grand plat en terre, disposez-y le petit salé, le saucisson à l'ail et les saucisses. Par-dessus, mettez les haricots avec la poitrine et déposez 3 petites cuillères à soupe de graisse.**

❾ Dans un saladier, **versez 4 louches de jus de cuisson des haricots, l'ail et l'oignon colorés et le concentré de tomates. Poivrez.** Mélangez bien **et versez sur la préparation haricots-viandes.**

❿ **Enfournez et laissez mijoter pendant 1 à 2 h.**

Poitrine demi-sel (500 g)
Petit salé (1 kg)
Saucisson à l'ail fumé (10 tranches)
Saucisses de Toulouse (600 à 800 g)
Haricots lingot blancs secs (1 kg)
Graisse de canard ou d'oie (1 pot)
• Oignons (2) • Ail (3 gousses)
• Concentré de tomates (1 c. à soupe)
• Thym (1 branche) • Laurier (2 feuilles) • Sel, poivre

Courgettes (350 g)
Poivrons rouges, verts et jaunes (350 g)
Aubergines (350 g)
Oignons (350 g)
Tomates bien mûres (500 g)
• Ail (3 gousses) • Huile d'olive (6 c. à soupe) • Thym (1 brin)
• Laurier (1 feuille)
• Sel, poivre

recette proposée par **Mirabelle**

RATATOUILLE

Pour 4 personnes
Préparation 25 min
Cuisson 1 h 10
Facile 🟠
Coût €€€

① **Coupez les tomates pelées en quartiers, les aubergines et les courgettes épluchées en rondelles.**

② **Émincez les poivrons et coupez les oignons en lamelles.**

③ Chauffez 2 c. à soupe d'huile dans une poêle et **faites-y fondre les oignons et les poivrons.**

④ Lorsqu'ils sont tendres, **ajoutez les tomates, l'ail haché, le thym et le laurier.**

⑤ **Salez, poivrez et laissez mijoter** doucement à couvert pendant 45 min.

⑥ Pendant ce temps, **faites cuire les aubergines et les courgettes séparément** dans 2 c. à soupe d'huile d'olive pendant 15 min. Vérifiez la cuisson des légumes : ils doivent être bien tendres.

⑦ **Ajoutez-les alors au mélange de tomates et prolongez la cuisson à feu doux pendant 10 min.**

Top des avis :
" Délicieuse. **J'ai rajouté quelques rondelles de chorizo.** " Vouvouil

" Super ! **J'utilise des herbes de Provence à la place du laurier et j'ajoute du romarin.** Merci pour la recette. " Martine_3184

Préparer une ratatouille

Astuce : Vous pouvez servir cette ratatouille chaude ou froide.

POULE AU POT

Pour 6 personnes
Préparation 40 min
Cuisson 2 h 30
Facile
Coût

① **Épluchez tous les légumes.**

② **Mettez la poule dans une grande marmite et couvrez d'eau. Portez à ébullition,** écumez régulièrement.

③ **Ajoutez les légumes** (pliez les poireaux en deux), **l'oignon** préalablement **piqué de clou de girofle et les fines herbes.** Salez et poivrez.

④ **Couvrez et laissez cuire 2 h** à 2 h 30 : la chair de la poule doit se détacher.

⑤ Servez d'abord le bouillon dégraissé, puis la viande entourée des légumes.

Top des avis :
" Très bon, **j'ai retrouvé le goût d'avant. J'ai ajouté des pommes de terre et du concentré de tomates.** " Patricia-benchaia

" Extra ! C'est vraiment la poule au pot de mon enfance ! **J'ai simplement ajouté des panais et fait mijoter la veille.** " Fjord

" J'adore cette recette, **je l'accompagne de riz et d'une sauce blanche.** " Isabelle_5468

Astuce : Vous pouvez farcir votre poule avec les foies de volaille avant de la cuire.

Poule (1)
Carottes (800 g)
Navets (300 g)
Poireaux (4)
- Thym haché (1 c. à soupe)
- Laurier haché (1 c. à soupe)
- Oignon (1) • Clous de girofle (2) • Sel, poivre

Petit salé : échine, travers, éventuellement palette (1 kg)
Lentilles vertes (600 g)
Saucisses de Montbéliard (4)
Carottes (2)
Bouquet garni (1)
• Oignons (2 gros)
• Clous de girofle (2)
• Sel, poivre

PETIT SALÉ AUX LENTILLES

Pour 6 personnes
Préparation 2 h + 30 min
Cuisson 2 h 50
Très facile
Coût

① **Faites dessaler la viande : faites-la tremper pendant 2 h dans de l'eau froide,** en changeant l'eau de temps en temps. Égouttez-la.

② **Mettez la viande dans un faitout, couvrez d'eau, poivrez et laissez cuire** à petits bouillons pendant **2 h.**

③ Épluchez les carottes et les oignons.

④ **Plantez les clous de girofle dans les oignons. Coupez les carottes en morceaux.**

⑤ **Mettez les carottes, les oignons, le bouquet garni et les lentilles dans une cocotte-minute,** recouvrez largement d'eau, salez légèrement et poivrez. **Faites cuire sous pression entre 15 et 20 min.**

⑥ **Une fois la viande cuite, sortez-la du faitout, égouttez-la et découpez-la** en gros morceaux.

⑦ **Mettez la viande ainsi que les saucisses préalablement piquées à la fourchette dans la cocotte-minute** contenant les lentilles. Ajoutez 2 verres du bouillon du faitout.

⑧ **Faites cuire, cocotte ouverte, à petit feu, pendant 20 à 30 min,** en faisant attention que les lentilles n'attachent pas.

"
Top des avis :
"Super cette recette ! **En autocuiseur, comptez 40 min pour la viande puis 15 min pour des lentilles vertes directement dans le jus de cuisson.**" Virginie_917

"Réalisé avec deux jarrets de porc fumés et de la poitrine de porc. **J'ai aussi ajouté quelques pommes de terre.** Un plat d'hiver à faire et à refaire avec plaisir." Nami_57"

"Excellent plat d'hiver, **je l'ai cuisiné avec de l'échine salée, un morceau de lard fumé et de la saucisse de Montbéliard,** on s'est régalé." Lina67
"

Astuce : S'il reste des lentilles à la fin de la dégustation, mixez-les et faites-en une soupe pour le dîner du soir !

FONDANT AU CHOCOLAT

Pour 6 à 8 personnes
Préparation 15 min
Cuisson 20 min
Très facile
Coût €€€

❶ Préchauffez le four à 200 °C (th. 6-7).

❷ Dans une casserole, **faites fondre le chocolat et le beurre** au bain-marie à feu doux, ou dans un bol au micro-ondes sur le programme « décongélation ».

❸ **Séparez les blancs des jaunes d'œuf.**

❹ Quand le mélange est bien fondu, **ajoutez les jaunes d'œuf au chocolat fondu et mélangez bien.**

❺ **Ajoutez ensuite le sucre et la farine.**

❻ Dans un saladier, **montez les blancs d'œuf en neige bien ferme puis incorporez-les à la préparation.**

❼ **Beurrez et farinez un moule à manqué.** Versez-y la préparation.

❽ **Enfournez pour 15-20 min.**

> **Top des avis :**
> " Très bon gâteau mais **encore meilleur avec une crème anglaise.** " Rose0126
>
> " Très bon fondant. **On a essayé avec du caramel et c'est vraiment délicieux.** " Vicide100
>
> " Merveilleux, mais **je l'ai fait dans des moules en silicone et j'ai ajouté un carré de chocolat pour que cela coule bien.** "
> Pizena

Astuce : Pour un fondant croquant, ajoutez des noix, noisettes ou amandes grossièrement hachées au chocolat fondu.

Chocolat pâtissier (250 g)
• Œufs (5) • Beurre (100 g) • Sucre (100 g) • Farine (4 c. à soupe)

Sirop de sucre de canne (25 cl)
Rhum (10 cl)
• Œufs (3) • Farine (120 g)
• Beurre (50 g) • Sucre en poudre (150 g) • Levure chimique (1 sachet)
• Lait (3 c. à soupe)
• Eau (25 cl)

BABA AU RHUM

Pour 4 babas
Préparation 30 min
Cuisson 25 min
Très facile
Coût

> **Top des avis :**
> " Super, **réalisé pour un repas avec des amis et servi avec une crème pâtissière maison.** Un délice, merci. " Djudju77
>
> " Très facile à faire. Pour ma part **j'ai réalisé 6 (gros) babas que j'ai servis avec une mangue coupée en morceaux.** Un vrai régal. " Marmiton28
>
> " Tout premier baba au rhum pour moi : ce fut une réussite ! **Le baba est très aéré et moelleux, le sirop est doux et parfumé tout comme il faut.** Recette simple à réaliser, parfaitement dosée. " Karine148

Astuce : Vous pouvez utiliser pour cette recette des moules en silicone, plus faciles d'utilisation.

❶ Faites préchauffer le four à 180 °C (th. 6).

❷ Dans un saladier, **fouettez les jaunes d'œuf et le sucre au fouet** jusqu'à ce que le mélange blanchisse.

❸ **Ajoutez le lait chaud, le beurre fondu, la farine et la levure.**

❹ **Battez les blancs d'œuf en neige ferme. Incorporez-les délicatement à la pâte.**

❺ **Versez la pâte dans un moule en couronne** préalablement beurré ou dans des moules individuels et **enfournez pour 25 min.** Démoulez aussitôt.

❻ Préparez un sirop : dans une casserole, **faites chauffer l'eau, le sirop de sucre de canne et le rhum jusqu'à dissolution du sucre.**

❼ **Arrosez le baba de sirop jusqu'à complète absorption.** Servez frais avec une salade de fruits et/ou de la chantilly.

recette proposée par
Marie

TARTE TATIN

Pour 6 personnes
Préparation 30 min
Cuisson 40 min
Moyennement difficile
Coût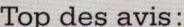

> **Top des avis :**
> " Très bon ! **J'ai échangé la pâte feuilletée par de la pâte brisée et j'ai fait un petit trou au centre pour qu'elle ne gonfle pas à la cuisson.** " Pcl13
>
> " Une magnifique recette. La tarte est très savoureuse et les pommes fondantes à souhait. **Servie tiède avec une boule de glace vanille, c'est un régal !** "
> Fredobiwan

Astuce : Serrez bien les pommes dans le moule pour ne pas qu'elles se délitent à la cuisson.

Préparer une pâte feuilletée

❶ Préchauffez le four à 200 °C (th. 6-7).

❷ **Épluchez les pommes. Coupez-les en deux ou en quatre** et enlevez le cœur.

❸ Faites fondre le beurre dans une casserole, ajoutez le sucre en poudre et laissez fondre de manière à obtenir un caramel.

❹ Dès que le caramel commence à avoir une jolie couleur dorée, **versez-le dans le fond d'un moule à tarte rond antiadhésif.**

❺ Disposez les pommes en couronne dans le moule et saupoudrez-les de sucre vanillé et de cannelle.

❻ Déposez la pâte feuilletée dessus en enfonçant **bien les bords à l'intérieur** du moule.

❼ **Enfournez pour 35-40 min.**

❽ À la sortie du four, **retournez la tarte sur un plat** et servez tiède.

Pommes golden (8)
Pâte feuilletée (1 rouleau ou faite maison)
Cannelle en poudre (1 c. à café)
• Sucre vanillé (2 sachets)
• Sucre en poudre (100 g)
• Beurre (100 g)

Pâte brisée
(1 rouleau)
Poires au sirop
(1 ou 2 boîtes)
Amandes en poudre
(100 g)
**Alcool de poire
ou autre** (5 cl)
• Beurre (100 g) • Sucre (100 g)
• Œufs (2) • Farine (25 g)

TARTE AMANDINE AUX POIRES

Pour 6 personnes
Préparation 25 min
Cuisson 30 min
Très facile
Coût

1. Préchauffez le four à 180 °C (th. 6).
2. Dans un saladier, **mélangez le beurre** préalablement **ramolli avec le sucre**.
3. **Battez les œufs** dans un bol. **Ajoutez-les dans le saladier avec les amandes en poudre et la farine tamisée.**
4. **Parfumez avec l'alcool** de poire.
5. **Étalez la pâte brisée au fond d'un moule à tarte.** Piquez-en le fond et **versez-y le mélange.**
6. **Placez les poires sur le mélange** en les enfonçant délicatement.
7. **Enfournez** pour **30 min**.

<u>Top des avis</u> :
" Excellente recette, **je mets du chocolat fondu avec de la crème fraîche sur la pâte avant le reste**, ça n'en est que meilleur. "
Sabrina1910

" Je l'ai faite avec des poires comices fraîches et j'ai remplacé l'alcool de poire par du rhum ambré. Je n'ai rien changé au reste de la recette, toute la famille s'est régalée. " Bischris

" Très bonne recette, j'ai remplacé les poires par des abricots et j'ai ajouté quelques gouttes d'amande amère. "
Petitephinou

<u>Astuce</u> : Vous pouvez remplacer la pâte brisée par une pâte sablée.

MOUSSE AU CHOCOLAT

Pour 4 personnes
Préparation 15 min
Repos 2 h minimum
Très facile
Coût €€€

❶ **Faites fondre le chocolat** au bain-marie.

❷ **Séparez les blancs des jaunes d'œuf.**

❸ **Incorporez les jaunes d'œuf et le sucre vanillé** au chocolat fondu.

❹ **Battez les blancs d'œuf en neige ferme et ajoutez-les délicatement au mélange** à l'aide d'une spatule.

❺ **Placez au frais pour au moins 2 h.**

Top des avis :
" Je trouve cette mousse **très facile à faire sans avoir besoin de beaucoup d'ingrédients** et pourtant on obtient une mousse au chocolat excellente. " Lulu4243

" Bien chocolatée, **j'aime qu'elle soit consistante en bouche,** par contre si vous êtes de vrais gourmands, doublez les **quantités** sinon vous risquez de ne pas en avoir assez pour tous vos convives ! " Alwinellender

" Un pur délice, à faire et à refaire. **Les blancs battus à la main, c'est mille fois meilleur ! "** Mayon22170

Astuce : Pour une mousse plus onctueuse, faites fondre 50 g de beurre avec le chocolat.

Chocolat pâtissier (100 g)
- Œufs (3)
- Sucre vanillé (1 sachet)

LE GOÛTER CHEZ MAMIE

Chose étrange chez toutes les mamies, les gâteaux, crèmes et autres douceurs se multiplient sans cesse. C'est à croire qu'elles ont un don particulier pour faire apparaître tous nos desserts préférés. Les boîtes à biscuits regorgent de trésors, une odeur de gâteau au chocolat flotte dans les airs, pas de doute, Mamie est passée par là. Bonne nouvelle, vous allez pouvoir revêtir son tablier, tous ses secrets se trouvent dans les pages suivantes…

recette proposée par
Juliette_46

SEMOULE AU LAIT ET COULIS DE FIGUES

Pour 6 personnes
Préparation 20 min
Cuisson 25 min
Très facile 🟠
Coût 🟠🟠🟢

❶ Dans une casserole, **faites bouillir le lait.**

❷ **Ajoutez 100 g de sucre et la semoule et remuez pendant environ 3 min** jusqu'à épaississement.

❸ Versez dans des bols ou des ramequins puis **laissez refroidir.**

❹ Préparez le coulis de figues : **lavez les figues puis coupez-les en petits morceaux.**

❺ Dans une casserole, **faites cuire les figues avec l'eau de fleur d'oranger sur feu doux** pendant 20 min.

❻ **Mixez** les figues de manière à obtenir un coulis.

❼ **Versez le coulis de figues sur les ramequins** juste avant de servir.

> **Top des avis :**
> " **J'ai incorporé des petits dés d'abricots moelleux, et saupoudré le tout de cannelle,** comme ma grand-mère. Un pur délice. " Gougourde
>
> " **J'ai versé le mélange dans de petits pots en verre, avec un peu de noix de coco au fond et au-dessus.** Après une nuit au frigo, c'était très bon ! " Delie43

Préparer une semoule au lait

Astuce : Vous pouvez ajouter des raisins secs, de la vanille, des abricots secs ou tout ce que vous aimez.

Semoule très fine (70 g)
Eau de fleur d'oranger (6 c. à soupe)
Figues (200 g)
• Sucre (100 g)
• Lait (1 l)

Gelée ou confiture (1 pot)
- Œufs (4) • Sucre (125 g)
- Farine (125 g) • Beurre (15 g)
- Sucre vanillé (2 sachets)
- Levure (1 c. à café)
- Sucre glace

GÂTEAU ROULÉ À LA CONFITURE

Pour 6 personnes
Préparation 30 min
Cuisson 10 min
Facile
Coût

> **Top des avis :**
> " Excellent et parfait avec de la confiture de fraises. **J'ai mis des fraises Tagada en déco.** "
> Lubelule26
>
> " Bon gâteau, **je l'ai roulé dans un torchon humide et nappé de chocolat fondu,** délicieux. "
> Mimiloulou04
>
> " **Je remplace le sucre vanillé par de la vanille liquide ou le zeste d'un citron.** "
> Alizarien11

Astuce : Une recette encore meilleure avec une confiture maison !

 Réaliser un gâteau roulé

❶ Préchauffez le four à 210 °C (th. 7).

❷ **Séparez les blancs des jaunes d'œuf.**

❸ Dans un saladier, **mélangez les jaunes d'œuf avec le sucre.**

❹ **Ajoutez petit à petit la farine, le sucre vanillé et la levure.** Mélangez bien.

❺ **Battez les blancs d'œuf en neige, puis incorporez-les** au mélange précédent.

❻ Tapissez la plaque du four de papier sulfurisé et beurrez celui-ci.

❼ **Versez la pâte sur la plaque.**

❽ **Enfournez** pour **10 min.**

❾ Une fois la cuisson terminée, **roulez le biscuit immédiatement** avec le papier sulfurisé. Laissez-le refroidir.

❿ **Déroulez le biscuit** et retirez le papier sulfurisé.

⓫ **Étalez la confiture sur le roulé.**

⓬ **Roulez à nouveau** le biscuit puis saupoudrez-le de sucre glace.

recette proposée par **Fidelise**

GÂTEAU MARBRÉ

Pour 8 personnes
Préparation 15 min
Cuisson 40 min
Très facile 🕐
Coût 🟠🟡🟡

① Préchauffez le four à 150 °C (th. 3).

② **Séparez les blancs des jaunes d'œuf.**

③ Dans un saladier, **mélangez énergiquement le beurre avec le sucre.**

④ **Ajoutez les jaunes d'œuf, le lait, la farine et la levure.**

⑤ **Battez les blancs d'œuf en neige.**

⑥ **Ajoutez-les** à la pâte.

⑦ **Séparez la pâte en deux :** ajoutez le sachet de sucre vanillé à l'une et le chocolat à l'autre.

⑧ Beurrez et farinez un moule à cake.

⑨ **Versez les deux préparations en alternance** dans le moule.

⑩ **Enfournez** et laissez cuire pendant **40 min.**

„
Top des avis :
" Moelleux à souhait ! J'ai remplacé le cacao par 100 g de chocolat noir pâtissier fondu dans 3 c. à soupe de lait (c'est plus gourmand !) "
Pucette06

" Léger et goûteux. Je l'ajoute dans mes classiques ! J'ai utilisé du cacao 100 % noir non sucré (2-3 c. à soupe), belle couleur assurée ! "
Steph2tlse
"

Réaliser un gâteau marbré

Astuce : Pour encore plus de saveur, ajoutez les graines d'une demi-gousse de vanille à la pâte sans chocolat.

Sucre vanillé (1 sachet)
Chocolat en poudre (25 g)
- Levure chimique (1 sachet)
- Beurre (125 g + 10 g) • Œufs (3)
- Farine (200 g + 10 g)
- Lait (6 c. à soupe)
- Sucre (200 g)

Potiron
(2 kg de chair)
Pommes (1 kg)
Sucre à confiture
(3 kg)
• Beurre

recette proposée par **Patricia**

CONFITURE DE POTIRON ET DE POMMES

Pour 8 personnes
Préparation 30 min
Cuisson 1 h 15
Facile
Coût

Top des avis :

" J'ai ajouté un bâton de cannelle. C'est original. " Niloer

" J'ai épicé ma confiture avec un mélange de spéculoos. C'est délicieux. " Celine_659

" Excellente confiture. **J'ai mis 1 kg de pommes, 2 kg de potiron, 2 gousses de vanille, de la cannelle (1 c. à café) et du gingembre.** " Martine48

Astuce : Vous pouvez également ajouter un filet de rhum à la purée pommes-potiron.

❶ **Coupez le potiron en morceaux.**

❷ **Faites cuire les morceaux de potiron** dans de l'eau bouillante pendant environ 15 min.

❸ Épluchez et **coupez les pommes en quartiers.**

❹ **Faites-les cuire dans une casserole avec une noix de beurre** pendant 20 à 30 min : elles doivent être fondantes.

❺ **Mélangez les pommes et le potiron puis mixez le tout.**

❻ **Mettez le sucre et le mélange pommes-potiron dans une bassine** à confiture (ou à défaut une grande casserole).

❼ **Portez à ébullition** puis **laissez cuire 30 min** en mélangeant.

❽ Faites un test : versez quelques gouttes de confiture sur une assiette, si elles se solidifient rapidement, la confiture est prête. Sinon, continuez la cuisson.

❾ **Versez la confiture dans des pots propres,** fermez-les bien et retournez-les jusqu'à ce qu'ils aient refroidi.

PAIN D'ÉPICES

Pour 6 personnes
Préparation 25 min
Cuisson 50 min
Repos 24 h
Facile
Coût

❶ Préchauffez le four à 160 °C (th. 5-6).

❷ Dans un saladier, **mélangez la farine, la levure, le sucre, le sucre vanillé et les épices.**

❸ **Faites chauffer le miel,** dans une casserole ou au micro-ondes, puis **versez-le bien chaud dans le saladier.**

❹ Remuez avec une cuillère en bois.

❺ **Incorporez petit à petit les œufs, puis le lait juste tiède** pour amalgamer le tout.

❻ **Versez la préparation dans un moule à cake** bien beurré et fariné.

❼ **Enfournez** et laissez cuire pendant **50 min**.

❽ Démoulez le pain d'épices lorsqu'il a totalement refroidi.

❾ **Attendez 24 h au minimum avant de le déguster.** Il se garde une semaine, enveloppé dans du papier d'aluminium.

"
Top des avis :
" C'est parfait ! **J'ai juste remplacé le lait par le jus d'une orange pressée pour le moelleux,** l'anis (n'en ayant pas) par 1 c. à soupe de pastis et ajouté des écorces d'oranges confites. " Sayline

" **Je prépare le mélange d'épices à l'avance dans un grand bocal en mettant 15 g de chaque ingrédient** et quand je fais le pain d'épices, j'ajoute 5 c. à café de ce mélange. "
Hopucocot "

La recette du pain d'épices

Astuce : Vous pouvez aussi remplacer toutes les épices par un mélange de pain d'épices tout prêt !

Anis vert (1 c. à café)
Miel (250 g)
Muscade râpée (1 c. à café)
Cannelle en poudre (1 c. à café)
Gingembre en poudre (1 c. à café)
Quatre-épices (1 c. à café)
- Farine (250 g + 10 g) • Sucre (100 g)
- Levure chimique (1 sachet)
- Lait (10 cl) • Beurre
- Sucre vanillé (1 sachet)
- Œufs (2)

Riz blanc rond (100 g)
Zeste de citron, orange ou clémentine non traités (1)
• **Lait** (1 l) • **Sucre** (5 c. à soupe)
• **Sucre vanillé** (1 sachet)

RIZ AU LAIT

Pour 4 personnes
Préparation 10 min
Cuisson 50 min
Très facile
Coût €€€

❶ Dans une casserole, **faites bouillir le lait avec le sucre, le sucre vanillé et le zeste de votre choix** (attention, faites un ruban assez long pour pouvoir le retirer facilement en fin de cuisson).

❷ **Lorsque le lait bout, jetez-y le riz en pluie et baissez le feu :** le riz doit cuire très lentement.

❸ **Lorsque le riz affleure le lait (comptez 40 à 50 min de cuisson), coupez le feu et laissez refroidir :** le riz va finir de s'imbiber de lait en refroidissant.

❹ Servez ce dessert tiède ou froid dans des ramequins avec un zeste de citron vert pour décorer.

Top des avis :
"Bonne consistance. **J'ai remplacé la vanille par de l'arôme d'agrumes et j'ajouté des raisins secs…**" Ghalhadriel

" Petite astuce gourmande : **j'ajoute toujours un petit peu de crème Mont Blanc à la vanille,** pour plus d'onctueux et de vanille dans mon riz au lait. " Ludi41

Préparer le riz au lait

Astuce : Remplacez le sucre en poudre par un autre type de sucre : sucre roux, vergeoise…

recette proposée par
Saby

CROQUANTS PROVENÇAUX

Pour 6 personnes
Préparation 1 h
Cuisson 25 min
Facile
Coût

Top des avis :

" C'est une vieille recette qui a fait ses preuves. **Vous pouvez mettre quelques grains d'anis** (ou 1 c. à café de pastis). " Raspail

" Utilisez des amandes non mondées pour un meilleur croquant. **J'ai laissé 10 min à 210 °C (th. 7), coupé les bandes et remis dans le four éteint.** C'était très bien. " Annie_1

" Bien se fariner les mains pour faire des boudins de pâte. **Je n'ai pas mis d'amandes car je n'en avais plus, je les ai remplacées par des noisettes et des noix,** moitié, moitié. C'était excellent. " Elvire59

Astuce : Conservez ces biscuits dans une boîte en métal fermée.

❶ Préchauffez le four à 190 °C (th. 6-7).

❷ Dans un saladier, **mélangez tous les ingrédients** (sauf le jaune d'œuf et le lait pour la dorure).

❸ Pétrissez bien la pâte.

❹ **Faites 6 bandes** de la longueur de votre plaque de cuisson et de 5 cm de large environ.

❺ Dans un bol, délayez le jaune d'œuf avec un peu de lait.

❻ **Badigeonnez les bandes de pâte du mélange lait-œuf** à l'aide d'un pinceau.

❼ **Enfournez** pour **15 min** environ.

❽ **Sortez les bandes du four et coupez-les en tranches** d'environ 1 cm d'épaisseur.

❾ **Enfournez de nouveau** et laissez cuire environ **10 min** (faites deux fournées si besoin). Surveillez la cuisson, les croquants ne doivent pas être trop cuits car ils vont durcir en refroidissant.

Amandes entières (350 g)
Eau de fleur d'oranger (1 c. à soupe)
• Farine (500 g) • Sucre (350 g)
• Œufs (5) + jaune d'œuf (1) • Lait (pour dorer)

Levure boulangère déshydratée (25 g, soit 1 ou 2 sachets)
Eau de fleur d'oranger (1 c. à café)
Vanille (½ gousse)
Farine (550 g)
• Sel (½ c. à soupe) • Œufs (2 + 1 pour dorer)
• Sucre (110 g) • Beurre mou (110 g)
• Crème fraîche (1,5 c. à soupe)
• Lait (12,5 cl)

recette proposée par
Celine_1

GÂCHE VENDÉENNE

Pour 1 brioche
Préparation 40 min
Repos 7 h
Cuisson 40 min
Facile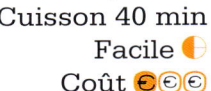
Coût

> Top des avis :
> " **J'ai mis du yaourt pour remplacer la crème** et le résultat n'en était que meilleur ! " Angie666
>
> " **J'ai ajouté 1 c. à soupe d'eau-de-vie à la pâte,** elle était parfaite. " Marion_33
>
> " Elle est fameuse et très facile à réaliser (j'ai mélangé la pâte au robot). **J'ai façonné une boule et l'ai entamée en croix sur le dessus au couteau.** " Ecogali

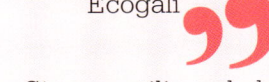

Astuce : Si vous utilisez de la levure boulangère fraîche, délayez-la dans un peu de lait tiède puis mélangez-la avec la crème fraîche.

1. Dans une casserole, **faites bouillir le lait avec la demi-gousse de vanille** fendue en deux.

2. Dans un grand saladier, **mélangez la farine et la levure.**

3. Faites un puits au centre puis **ajoutez le sel, les 2 œufs, le sucre et le beurre** coupé en petits morceaux.

4. **Travaillez la pâte en ajoutant le lait vanillé** (ôtez la gousse de vanille).

5. Dans un autre récipient, **mélangez la crème fraîche et l'eau de fleur d'oranger.**

6. **Ajoutez cette préparation à la pâte et travaillez-la** jusqu'à ce qu'elle soit souple et élastique.

7. Couvrez le saladier d'un linge et **laissez la pâte lever pendant 6 h** à température ambiante.

8. Lorsque la pâte est levée, **farinez la plaque du four et façonnez la pâte en forme de miche** ou placez-la dans un grand moule à cake.

9. **Laissez lever encore 1 h.**

10. Préchauffez le four à 180 °C (th. 6).

11. **Dorez la surface de la gâche** avec l'œuf restant battu.

12. **Faites une incision au couteau** au milieu de la gâche.

13. **Enfournez** et laissez cuire **30 à 40 min.**

recette proposée par **Magali_1061**

CHOCOLAT CHAUD AUX GUIMAUVES

Pour 1 personne
Préparation 15 min
Cuisson 10 min
Très facile
Coût

❶ Dans une casserole, **faites fondre le chocolat avec une noisette de beurre** à feu doux en remuant doucement.

❷ **Ajoutez le lait** petit à petit en continuant de remuer pour bien mélanger.

❸ **Portez à ébullition** puis retirez la casserole du feu.

❹ Versez la préparation dans des bols ou des tasses.

❺ **Plongez les guimauves dans le breuvage brûlant** et remuez doucement jusqu'à ce que les guimauves soient fondues et qu'une mousse se forme à la surface.

❻ Vous pouvez ajouter quelques guimauves supplémentaires dans le chocolat juste avant de servir !

Top des avis :
" **J'ai utilisé un lapin en chocolat rescapé de Pâques,** ce fut un bon recyclage ! " Celine_321

" **Petit chocolat au lait gourmand très sympa !** Merci pour cette idée, simple et délicieuse. " Shana_6

Faire de la guimauve

Astuce : Ajoutez une pincée de muscade et une pincée de cannelle en même temps que le lait.

Chocolat au lait ou noir (8 carrés)
Guimauve (quelques morceaux)
- Lait (50 cl)
- Beurre
- Sucre (facultatif)

Eau gazeuse, limonade ou bière (25 cl)
- Lait (25 cl) • Farine (250 g)
- Sucre en poudre (50 g)
- Œufs (2) • Sel (1 pincée)
- Beurre fondu (50 g)

GAUFRES LÉGÈRES

Pour 4 personnes
Préparation 15 min
Repos 1 h
Cuisson 5 min
Très facile
Coût €€€

① Dans un saladier, **tamisez la farine, le sel et le sucre.**

② **Ajoutez le lait et mélangez bien** pour éviter les grumeaux.

③ Séparez les blancs des jaunes d'œuf.

④ **Ajoutez les jaunes d'œuf dans la pâte puis le beurre fondu refroidi et l'eau gazeuse, toujours en remuant bien.**

⑤ **Montez les blancs d'œuf en neige.**

⑥ **Incorporez-les délicatement à la pâte.**

⑦ **Laissez reposer** pendant environ 1 h.

⑧ **Faites cuire les gaufres 4-5 min** dans un gaufrier.

<u>Top des avis :</u>
" Très bonnes, **j'ai ajouté 1 c. à soupe d'arôme naturel de vanille, et un sachet de sucre vanillé.** " Sebat

" Très bonne recette **pour 12 gaufres (faite avec 25 cl de bière) :** elles sont bien croustillantes et légères. **J'ai laissé la pâte reposer 1 h, et ajouté les blancs d'œuf juste avant la cuisson.** " Sandrine 62850

" Le résultat est bluffant. **Nous n'avions ni bière et ni eau gazeuse, alors nous avons utilisé du coca** et ça fonctionne aussi ! " Rosav

<u>Astuce :</u> Pour des gaufres un peu plus gonflées, ajoutez un sachet de levure chimique.

recette proposée par
Madeleine_113

CONFITURE DE LAIT AU SEL DE GUÉRANDE

Pour 1 l
Préparation 5 min
Cuisson 3 h
Facile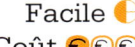
Coût

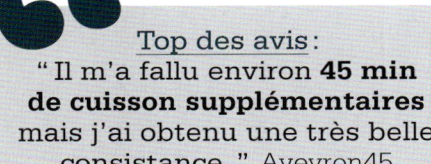

Top des avis :
" Il m'a fallu environ **45 min de cuisson supplémentaires** mais j'ai obtenu une très belle consistance. " Aveyron45

" **Une pure merveille,** pour les adeptes de caramel au beurre ! " Lululili

" Vraiment excellente. **C'est dans les dernières minutes que le liquide devient épais.** " Mimi_193

Astuce : La confiture se conserve ainsi un mois environ.

❶ Dans une grande casserole, **mettez le sucre, le miel et le lait.**

❷ **Portez à ébullition puis laissez cuire à feu doux pendant 3 h,** en remuant toutes les 5 à 10 min.

❸ Ouvrez 3 à 4 pots de confiture propres.

❹ Lorsque la confiture de lait est bien épaisse, **ajoutez le sel de Guérande** tout en remuant.

❺ Coupez le feu et **versez aussitôt la confiture dans les pots.**

❻ Fermez les pots et retournez-les.

❼ Laissez refroidir puis dégustez.

Lait (2 l)
Sel de Guérande (1 c. à soupe)
• Sucre (1 kg) • Miel liquide (100 g)

Semoule de blé fine (125 g)
Vanille en poudre (2 à 3 c. à café)
• Lait (65 cl) • Sucre (100 g)
• Œufs (2) • Beurre (50 g + 10 g)

GÂTEAU DE SEMOULE À LA VANILLE

Pour 6 personnes
Préparation 10 min
Cuisson 40 min
Repos 12 h
Très facile
Coût

❶ Préchauffez le four à 210 °C (th. 7).

❷ Dans une casserole, **faites chauffer le lait avec le sucre et la vanille.**

❸ Quand le lait bout, baissez le feu, **versez la semoule** et mélangez.

❹ Couvrez et **laissez cuire 10 min** à feu doux. Vous devez obtenir une pâte épaisse, sinon poursuivez la cuisson quelques minutes supplémentaires.

❺ Éteignez le feu, puis **ajoutez le beurre coupé en dés et les œufs** préalablement battus. Mélangez bien.

❻ **Versez la préparation dans un moule beurré et enfournez** pour **25 à 30 min**.

❼ Placez au réfrigérateur au moins 12 h avant de servir.

> Top des avis :
> " **Je mets du caramel dans le fond du moule, et non du beurre** ; et pour changer, du sirop d'érable. " Jardy
>
> " **J'ai ajouté des morceaux de pomme et de la cannelle.** C'était super ! " Sucrette78
>
> " **J'ajoute deux poires coupées en morceaux juste avant de mettre au four.** Cela ajoute du parfum et allège un peu la recette. On peut même, du coup, diminuer la quantité de sucre. " Nathalie_4407

Astuce : Remplacez la vanille en poudre par une gousse de vanille : grattez les graines et mettez-les avec la gousse dans le lait. Retirez la gousse avant d'ajouter la semoule.

PAIN PERDU

Pour 6 personnes
Préparation 5 min
Cuisson 10 min
Très facile
Coût

1. Dans un saladier, **mélangez les œufs entiers avec le lait.**
2. **Ajoutez le sucre.** Mélangez.
3. **Plongez rapidement les tranches de pain** sec dans le mélange pour bien imbiber les deux faces.
4. **Faites fondre le beurre dans une poêle** puis **faites-y dorer le pain.**
5. Déposez-les sur une feuille de papier absorbant.
6. Dégustez les pains perdus saupoudrés de sucre glace.

> Top des avis :
> " Il faut bien laisser imbiber le pain pour qu'il soit moelleux comme celui que nous faisaient nos mamans ! À refaire dès que possible. " miss-breizh67
>
> " Nous avons tout dévoré ! Petite astuce : comme il restait de la pâte, j'ai rajouté de la farine, un peu de fleur d'oranger, et nous avons mangé **les crêpes le soir** en dessert. Miam ! "
> Audrey_102
>
> " Excellent basique. **J'ai rajouté un sachet de sucre vanillé, un peu de cannelle et de rhum.** "
> Valerie_2655

Astuce : Réalisez cette même recette avec de la brioche rassie.

Pain rassi
(12 tranches)
- Lait (60 cl) • Œufs (3)
- Beurre (20 g)
- Sucre (1 c. à soupe)
- Sucre glace

Sucre vanillé (2 sachets)
- Œufs (6) • Lait (1 l)
- Sucre (125 g)
- Fruits rouges et sucre glace (facultatifs)

recette proposée par
Eudo7

FLAN AUX ŒUFS

Pour 5 personnes
Préparation 10 min
Cuisson 1 h
Très facile
Coût

> **Top des avis :**
> " **J'ai ajouté de l'extrait de vanille.** Un délice. " Framboise40
>
> " **J'ai mis 1 c. à soupe d'eau de fleur d'oranger** à la place du sucre vanillé. À refaire ! " Hlfh
>
> " Enfin «la» recette du flan aux œufs, merci ! **J'ai juste ajouté 4 morceaux de sucre** car j'aime bien les flans assez sucrés. " Flo8203

<u>Astuce</u> : Ajoutez du caramel au fond du moule avant de verser la préparation.

❶ Préchauffez le four à 180 °C (th. 6).

❷ Dans une casserole, **portez à ébullition le lait avec les différents sucres.**

❸ Dans un saladier, **battez les œufs en omelette.**

❹ **Versez le lait bouillant petit à petit sur les œufs** en remuant énergiquement.

❺ **Versez la préparation dans un grand moule** (l'idéal est un moule à soufflé), ou dans de petits pots individuels.

❻ **Placez le moule dans un plat allant au four rempli à moitié d'eau** et **enfournez** pour environ **1 h** : le flan ne doit plus être liquide.

❼ Décorez vos flans de quelques fruits rouges et d'un peu de sucre glace. Servez bien froid.

recette proposée par
Sophielilou05

CRÊPES À LA FLEUR D'ORANGER

Pour 10 crêpes
Préparation 10 min
Repos 1 h
Cuisson 15 min
Facile
Coût

❶ Dans un saladier, **mélangez la farine et le sucre.** Formez un puits.

❷ **Ajoutez les œufs, l'huile, le beurre fondu, le sel et l'eau de fleur d'oranger.**

❸ **Versez le lait progressivement** tout en remuant avec une cuillère en bois : adaptez la quantité de lait à la consistance de la pâte.

❹ Homogénéisez la pâte au batteur électrique ou au fouet très énergiquement : la pâte ne doit pas être trop liquide ni trop pâteuse.

❺ **Laissez reposer** une bonne heure au réfrigérateur.

❻ Faites chauffer une crêpière antiadhésive ou une poêle (ajoutez alors une noisette de beurre) et faites-y cuire les crêpes une à une.

Top des avis :
" Excellente recette ! **Je mets cependant moins de beurre, c'est tout aussi bon !** "
Marikee

" La fleur d'oranger donne à ces crêpes un parfum d'enfance et de vacances ! **Je mets un peu moins de lait, mais c'est selon les goûts de chacun !** "
MissPoipois

Astuce : Remplacez la fleur d'oranger par du rhum.

Réaliser une pâte à crêpes

Eau de fleur d'oranger
(5 c. à soupe)
- Lait (50 cl) • Farine (300 g)
- Œufs (2) • Sucre (150 g)
- Huile (2 c. à soupe)
- Beurre fondu (50 g)
- Sel (1 pincée)

Sucre vanillé
(2 sachets)
- Beurre mou (250 g + 10 g)
- Farine (250 g + 10 g)
- Sucre (250 g) • Œufs (4)
- Levure chimique (1 c. à café)

recette proposée par **Mumurielle**

QUATRE-QUARTS

Pour 8 personnes
Préparation 15 min
Cuisson 40 min
Très facile
Coût

❶ Préchauffez le four à 180 °C (th. 6).

❷ Dans un saladier, **mettez le beurre mou, le sucre en poudre et le sucre vanillé. Mélangez à l'aide d'un fouet électrique.**

❸ **Ajoutez les œufs** un à un.

❹ **Terminez en incorporant la farine et la levure.**

❺ Beurrez et farinez un moule.

❻ **Versez le mélange dans le moule puis enfournez** et laissez cuire **30 min**. Vérifiez la cuisson en plantant la lame d'un couteau au centre et poursuivez la cuisson 10 min si nécessaire.

> Top des avis :
> " Très bon, tout simple mais **encore meilleur avec du caramel au beurre salé ajouté à la pâte.** " Betty2007
>
> " Je l'ai fait **pour quatre personnes et dans des moules à muffin.** J'ai ajouté 1,5 c. à café de cannelle à la pâte. Pour un petit déjeuner, c'était très bon. " Floryane
>
> " Je rajoute un peu de **rhum, de l'essence de vanille et des raisins** et c'est encore meilleur. " Sandrine_4774
>
> Astuce : Pour une version pomme : épluchez et coupez en lamelles deux pommes. Intercalez ensuite dans le moule une couche de pâte et une couche de pommes, à renouveler une fois.

recette proposée par
Huguette_7

CLAFOUTIS AUX CERISES

Pour 8 personnes
Préparation 15 min
Cuisson 30 min
Très facile
Coût

Top des avis :
" Recette vraiment excellente, **j'ai mis ma petite note perso en rajoutant de l'essence d'amandes amères dans la pâte**, ce qui donne un petit goût sublime ! "
Delphine2540

" Cette recette est géniale ! **J'ai mis 20 cl de crème liquide à la place du lait. Et j'ai laissé les noyaux de cerise pour qu'elles rendent moins de jus.** " Filurz

" **J'ai remplacé les cerises par des mirabelles** mais sinon je n'ai rien changé ; nous nous sommes régalés ! "
Hobbes2312

Astuce : Variante aux poires : épluchez et émincez quatre poires bien mûres, et ajoutez à la crème une pincée de cannelle et 5 cl de rhum.

❶ Préchauffez le four à 210 °C (th. 7).

❷ **Lavez rapidement les cerises** sous un filet d'eau, équeutez-les et essuyez-les.

❸ Dénoyautez, si vous le souhaitez, les cerises.

❹ Dans une casserole, **faites fondre les 40 g de beurre.**

❺ Dans un grand bol, **mélangez la farine, le sucre en poudre, le sel et le sucre vanillé.**

❻ **Incorporez les œufs** un à un.

❼ **Ajoutez le lait** petit à petit en continuant de mélanger.

❽ **Ajoutez le beurre fondu.**

❾ Beurrez un plat à gratin, **répartissez les cerises puis versez la pâte à clafoutis.**

❿ **Enfournez** pour **10 min** puis baissez la température du four à 180 °C (th. 6) et **laissez cuire encore 20 min**.

⓫ Servez le clafoutis froid ou tiède, saupoudré de sucre glace.

Cerises (600 g)
Beurre demi-sel (40 g + 20 g)
- Œufs (4) • Lait (20 cl)
- Farine (100 g) • Sucre (60 g)
- Sucre vanillé (1 sachet)
- Sel (1 pincée)
- Sucre glace

Rhum (2 c. à soupe)
Vanille en poudre (1 c. à café)
• Farine (200 g) • Sucre (200 g)
• Levure chimique (1 c. à café)
• Beurre (100 g + 20 g)
• Œufs (3 gros)
• Sel (1 pincée)

recette proposée par **Cyberlola**

MADELEINES AU RHUM

Pour 25 madeleines
Préparation 15 min
Repos 1 h
Cuisson 8 min
Facile
Coût

Top des avis :
" Je les ai faites **sans rhum, quelques-unes natures, d'autres avec un cœur au chocolat et, enfin, d'autres à la noix de coco.** Aussi bonnes même deux jours après ! " Lagonze

" Je les ai trouvées excellentes. J'ai suivi la recette, **j'ai simplement ajouté un peu de cannelle et remplacé le rhum par 2 c. à soupe de jus de citron.** " Parou35500

" Absolument délicieuses. **J'ai ajouté des graines de sésame sur le dessus avant de les enfourner,** ça donne un petit goût grillé qui ne gâche rien. " Vanessa_82

Astuce : Le secret des madeleines bien gonflées, c'est de créer un choc de température entre la pâte froide et le four très chaud. Si vous faites plusieurs fournées, remettez votre pâte au réfrigérateur pendant que les premières madeleines cuisent.

❶ Préchauffez le four à 240 °C (th. 8).

❷ Faites fondre le beurre.

❸ Dans un saladier, **mélangez la farine, le sel, le sucre et la vanille en poudre.**

❹ **Creusez un puits, cassez-y les œufs et mélangez** avec une cuillère (n'utilisez pas de fouet).

❺ **Ajoutez les 100 g de beurre fondu, puis le rhum.** Placez au réfrigérateur pendant 1 h.

❻ Beurrez les alvéoles des moules à madeleines avec le beurre restant.

❼ **Juste avant d'enfourner, ajoutez la levure à la pâte** et mélangez.

❽ **Remplissez les moules aux trois quarts de pâte.**

❾ **Enfournez** et laissez cuire **6 à 8 min**.

❿ Démoulez les madeleines dès la sortie du four et laissez-les refroidir sur une grille.

⓫ Dégustez-les tièdes ou froides.

CRÈME RENVERSÉE

Pour 6 personnes
Préparation 25 min
Cuisson 55 min
Facile
Coût €€€

> **Top des avis :**
>
> " Pour la consistance, **j'ai ajouté 20 g de lait en poudre,** car j'avais utilisé du lait demi-écrémé et **j'ai parfumé le lait avec de la cannelle.** " Mamimymy
>
> " On peut cuire la crème en cocotte-minute. Il suffit de **mettre la préparation dans un moule avec du caramel dans le panier de la cocotte et de laisser cuire 14 min à partir de la rotation de la soupape.** C'est simple et rapide ! " Andree_261
>
> " **J'ai légèrement aromatisé la crème avec de la fleur d'oranger.** " Couleste

Astuce : Pour gagner du temps, utilisez du caramel prêt à l'emploi.

Réaliser une crème renversée

1. Préchauffez le four à 150 °C (th. 5).
2. Préparez le caramel : **déposez les morceaux de sucre dans une petite casserole** avec un filet d'eau.
3. Faites chauffer et **laissez cuire jusqu'à l'obtention d'un joli caramel brun.** Comptez une quinzaine de minutes.
4. **Versez le caramel dans 6 ramequins** préalablement **beurrés.**
5. **Mélangez le lait avec le sucre vanillé et le sucre en poudre** dans une casserole.
6. **Portez à ébullition.**
7. Dans un bol, **battez les œufs** en omelette.
8. **Versez doucement le lait sur les œufs.**
9. **Versez le mélange ainsi obtenu dans le moule.**
10. **Placez les moules dans un récipient plus large, rempli d'eau jusqu'à mi-hauteur.**
11. **Enfournez** pour **40 min**. Pour vérifier la cuisson, touchez le centre de la crème du bout du doigt : il doit présenter une certaine résistance.
12. Servez froid.

Sucre vanillé (2 sachets)
- Lait (50 cl) • Œufs (3)
- Sucre (75 g) • Sucre en morceaux (15)
- Beurre (10 g)

LES REPAS DE FÊTES CHEZ MAMIE

Il y a bien une raison si les fêtes sont une institution chez Mamie, c'est qu'elles sont toujours réussies. On retrouve les gens que l'on aime, on aide à la cuisine, on goûte les plats avant qu'ils n'arrivent sur la table, on s'en dispute les reliefs, on rit, on se régale et on aimerait que cela dure toujours. Pas de doute, avec le carnet de recettes de Mamie entre les mains, vous avez toutes les clés pour perpétuer la tradition.

Magrets de canard (2, de 300 ou 350 g chacun)
Viande de porc hachée (500 g)
Persil (1 bouquet)
Laurier (3-4 feuilles)
Sel de Guérande (2 c. à café bombées)
Poivre concassé fin (2 c. à café)
Poivre vert en saumure (2 c. à café)
Cognac ou armagnac (1 verre à liqueur)
Noisettes (40 g) / **Pistaches** (40 g)
Zestes d'orange confite (4-5)
Gelée au porto (1 sachet)

- **Farine** (1 c. à soupe) • **Œuf** (1)
- **Échalotes** (3)
- **Ail** (2 gousses) • **Huile d'olive** (3 c. à soupe)
- **Herbes de Provence** (1 c. à soupe)

recette proposée par
Alibibi

TERRINE DE CANARD AUX NOISETTES ET PISTACHES

Pour 1 grosse terrine
Préparation 30 min
Cuisson 1 h
Repos 26 h
Facile
Coût

Top des avis :
" J'ai remplacé le cognac par un mélange whisky-Grand Marnier, résultat excellent. "
Hollyelea

" Bonne recette et facile à réaliser ! J'ai mis de la canette et un peu plus d'épices. Je n'ai pas mis de gelée, mais c'était parfait ! "
Tina44

" Excellent ! Je n'ai mis que 250 g de farce de porc, moitié moins de pistaches et j'ai remplacé les noisettes par des amandes émondées. "
Bénédicte_320

Astuce : Remplacez la viande de porc hachée par de la saucisse.

① **Retirez la peau des deux magrets** avec un couteau.

② **Tapissez le fond de la terrine avec les deux peaux,** se chevauchant légèrement et remontant sur les bords. **Puis déposez un magret dessus.**

③ **Hachez le persil, les échalotes et l'ail.**

④ **Hachez grossièrement le second magret et mélangez-le au porc haché. Ajoutez l'œuf, la farine, le mélange persil-échalotes-ail, l'huile d'olive, les herbes de Provence, le sel de Guérande et le poivre concassé.** Mélangez.

⑤ **Ajoutez les noisettes et les pistaches concassées, le poivre vert, les zestes d'orange confite coupés en petits morceaux et le petit verre d'alcool. Malaxez bien** le tout jusqu'à complète homogénéité.

⑥ **Répartissez cette farce sur le magret dans la terrine.** Pressez pour que tout soit bien tassé. Disposez quelques feuilles de laurier à la surface.

⑦ **Fermez la terrine et placez dans un four froid** pour **1 h à 220-230 °C (th. 7-8).** Puis laissez la terrine dans le four éteint pendant 2 ou 3 h.

⑧ Au bout de ce temps, préparez la gelée au porto en suivant les indications sur le sachet.

⑨ **Videz doucement le gras liquide de la terrine puis versez la gelée** de manière à recouvrir l'ensemble.

⑩ **Laissez reposer une nuit** au réfrigérateur.

recette proposée par
Monique_121

AUMÔNIÈRES AUX NOIX DE SAINT-JACQUES

Pour 4 personnes
Préparation 30 min
Cuisson 45 min
Très facile
Coût

> **Top des avis :**
>
> " **Je n'ai mis que 2 noix de Saint-Jacques par personne et un peu plus de crevettes**, mes invités ont adoré ! Je les ai préparées à l'avance, **c'était parfait.** "
> Marie-Laurence52
>
> " **J'ai parfumé la fondue de poireaux de safran** et j'ai servi les aumônières sur une salade de mesclun au vinaigre de framboise. "
> Martine_2924

 Solidifiez le fond des aumônières en ajoutant le quart d'une feuille de pâte filo au centre de chaque grande feuille.

La cuisson des Saint-Jacques

❶ **Coupez les poireaux en tronçons,** lavez-les bien.

❷ **Faites fondre 1 grosse noix de beurre** dans une grande poêle, **ajoutez les poireaux, mélangez, couvrez puis laissez cuire 20 à 25 min.** Salez et poivrez.

❸ **Ajoutez 2 ou 3 c. à soupe de crème semi-liquide et les crevettes** décortiquées. Mélangez délicatement.

❹ Préchauffez le four à 210 °C (th. 7).

❺ Faites fondre une noix de beurre dans une autre poêle et **poêlez-y les noix de Saint-Jacques,** 2 min de chaque côté.

❻ **Étalez les feuilles de pâte filo, huilez-les** au pinceau.

❼ **Déposez au centre de chaque feuille une grosse cuillère à soupe de fondue de poireaux aux crevettes et déposez autour et sur le dessus 5 noix de Saint-Jacques.**

❽ **Fermez les aumônières** avec un lien (type ficelle de cuisine).

❾ **Enfournez** pour **15 à 20 min.**

❿ Présentez les aumônières sur des assiettes individuelles avec de la salade, des tomates cerise et des œufs de caille.

Poireaux (4)
Crevettes roses cuites (200 g)
Noix de Saint-Jacques (20)
Pâte filo (4 feuilles)
• Crème semi-liquide (2-3 c. à soupe) • Beurre
• Huile • Sel, poivre

Pâte feuilletée ou brisée (250 g)
Foies de volaille confits (1 boîte de 300 g)
Gésiers de volaille confits (1 boîte de 300 g)
• Lardons fumés (250 g)
• Œufs (4) • Persil (5 branches)
• Beurre • Poivre

recette proposée par **Véronique**

TOURTE AUX FOIES ET AUX GÉSIERS CONFITS

Pour 8 personnes
Préparation 25 min
Cuisson 1 h
Très facile 🟠
Coût 🟠🟠🟠

❶ Préchauffez le four à 180 °C (th. 6).

❷ Beurrez un moule à cake et **disposez la pâte brisée (ou feuilletée) dedans en la faisant déborder.**

❸ **Faites revenir (sans colorer) les lardons fumés, les foies et les gésiers** dans leur graisse pendant 10 min en « coupant » les foies et les gésiers avec une cuillère en bois.

❹ Dans un saladier, **battez les œufs en omelette et ajoutez le persil.**

❺ Ajoutez la viande et mélangez.

❻ **Versez ce mélange dans le moule et fermez avec la pâte.**

❼ Faites une cheminée en créant un trou au centre de la pâte et en y « plantant » un petit rouleau de papier sulfurisé.

❽ **Enfournez** et laissez cuire pendant **45 min environ.**

❾ Servez tiède, coupé en tranches, avec une salade.

> Top des avis :
> " J'ai doré la pâte à l'œuf avant de mettre au four, c'était très réussi. "
> Jackie22

> " J'ai remplacé les gésiers confits (souvent très salés) par des gésiers en gelée. Pensez à retirer la gelée avant de les faire revenir avec les foies et les lardons. "
> Sophie_3154

Astuce : Faites revenir les foies et les gésiers avec 1,5 c. à soupe d'armagnac ou de cognac.

POULARDE RÔTIE AUX FRUITS D'HIVER

Pour 6 personnes
Préparation 30 min
Cuisson 1 h 45
Moyennement difficile
Coût €€€

> **Top des avis :**
> " **Nous avons** augmenté la quantité de fruits et **ajouté des myrtilles et des figues. À refaire !** " Bassiche
>
> " Un vrai délice. J'ai suivi la recette à la lettre mais **j'ai mélangé les amandes entières avec des noix de cajou.** " Laugo
>
> " Je n'ai pas mis de beurre car la poularde est déjà bien grasse. **Pour avoir une peau dorée, j'ai badigeonné la poularde avec du vinaigre balsamique.** " Octobre59

Astuce : Pour encore plus de saveur, farcissez la poularde la veille.

❶ **Faites tremper les pruneaux, les abricots et les raisins secs dans de l'eau froide.**

❷ Préchauffez le four à 180 °C (th. 6).

❸ Lavez l'orange et le citron. **Prélevez leurs zestes puis hachez-les grossièrement.**

❹ **Pressez les agrumes** et mélangez leurs jus dans un verre.

❺ Dans un saladier, **mélangez les zestes d'orange et de citron, la branche de céleri coupée en dés, l'oignon émincé, le mélange d'épices et les feuilles de laurier.**

❻ **Farcissez la poularde avec cette préparation,** ficelez-la, puis salez-la.

❼ Posez la poularde dans un plat, **badigeonnez-la avec la moitié du beurre fondu.**

❽ **Enfournez** et laissez cuire pendant **1 h 45** en arrosant régulièrement avec le jus de cuisson.

❾ Dix minutes avant la fin de la cuisson de la poularde, **répartissez les fruits secs égouttés autour de la viande et arrosez avec le jus des agrumes.**

❿ **Enveloppez la poularde dans du papier d'aluminium et laissez-la reposer 10 min** dans le four éteint.

⓫ Servez la poularde avec le jus à part.

Poularde (1 de 2 kg)
Citron (1, non traité)
Orange (1, non traitée)
Pruneaux (12) / **Raisins secs** (50 g) / **Abricots secs** (6)
Céleri (1 branche)
• Oignon (1) • Laurier (2 feuilles)
• Mélange d'épices – muscade, girofle, cannelle et poivre (1 c. à café)
• Laurier (2 feuilles)
• Beurre fondu (100 g)
• Sel

Gigot d'agneau (1 de 2,5 kg)
Couennes (250 g)
Carottes (200 g)
Petits oignons (300 g)
Tomates pelées et épépinées (500 g)
Cognac (10 cl) / **Tête d'ail** (1)
Clous de girofle (3)
• Bouillon de bœuf (30 cl) • Huile d'olive (10 cl) • Vin blanc (50 cl)
• Sel, poivre

GIGOT DE SEPT HEURES

Pour 10 personnes
Préparation 1 h
Cuisson 7 h
Facile
Coût

① Préchauffez le four à 170 °C (th. 5-6).

② Dans une cocotte, **faites revenir le gigot dans l'huile d'olive chaude.**

③ **Épluchez les carottes et coupez-les en rondelles. Épluchez les oignons. Coupez la tête d'ail en deux.**

④ **Tapissez de couennes le fond d'un plat** (le gras vers l'extérieur). **Déposez-y le gigot.**

⑤ **Entourez-le des carottes, des oignons et des tomates. Ajoutez le reste des ingrédients, salez et poivrez.**

⑥ **Enfournez et laissez cuire pendant 7 h.** Surveillez la cuisson et rajoutez de l'eau si nécessaire.

⑦ Servez à la cuillère dans la cocotte ou le plat : la particularité de ce gigot est d'être fondant au point que l'on puisse le couper à la cuillère.

❝

Top des avis :
" Je mets plus de garniture. **J'utilise du vin vendange tardive (c'est plus fin en goût)**. "
Ctreyer

" J'ai remplacé la couenne par des lardons et j'ai mis plus de carottes. **La dernière demi-heure, j'ajoute des pommes de terre non épluchées… Sublime !** " Carnot54

" **Attention à ne pas oublier d'ajouter régulièrement de l'eau dans la cocotte.** Tout est confit, ça fond dans la bouche… "
Segolo120

❞

Astuce : Vous pouvez cuire l'agneau sur plusieurs jours : 4 h le premier jour, 2 h le deuxième et 1 h le jour du repas.

TRUITE FONDANTE AUX AMANDES

Pour 4 personnes
Préparation 5 min
Cuisson 14 min
Très facile 🟠
Coût 💶💶💶

❶ Versez la farine, la poudre d'amandes et l'œuf dans 3 assiettes différentes.

❷ Rincez et épongez les truites.

❸ **Passez les truites dans la farine puis dans l'œuf battu et enfin dans la poudre d'amandes.**

❹ Faites fondre le beurre dans une grande poêle puis **faites-y dorer les truites 7 min de chaque côté.** Salez, poivrez.

❺ Servez, décoré de rondelles de citron ou d'amandes effilées.

❝ Top des avis :
" J'ai mis du romarin à l'intérieur de chaque poisson, c'était délicieux ! Merci pour cette recette. " Tsukidenikkou

" **Je sale, je poivre et j'ajoute un peu de piment d'Espelette** à l'intérieur de chaque poisson. " Poupinou

" Excellente recette, **encore meilleure avec des filets de poisson blanc.** " Dinou64 ❞

Astuce : Pour alléger la sauce, vous pouvez la déglacer avec le jus d'un demi-citron avant d'ajouter les amandes grillées et un peu de crème fraîche légère.

Truites (4)
Poudre d'amandes (100 g)
• Œuf (1) • Farine (2 c. à soupe) • Beurre (10 g) • Citron (1) ou amandes effilées (40 g) • Sel, poivre

Lotte (1 queue de 1 kg, préparée par votre poissonnier)
Tomates pelées (1 petite boîte)
Oignons grelots (12)
Cognac (5 cl)
• Ail (1 gousse) • Concentré de tomates (1 c. à soupe) • Échalotes (4) • Vin blanc sec (20 cl) • Beurre (20 g) • Huile d'arachide (2 c. à soupe) • Piment de Cayenne (1 pincée) • Sel, poivre

LOTTE À L'ARMORICAINE

Pour 4 personnes
Préparation 20 min
Cuisson 50 min
Facile
Coût

> Top des avis :
> " J'ai fait flamber ma lotte au whisky. **Très facile et pratique car je l'ai préparée la veille sans pousser la cuisson jusqu'au bout et simplement réchauffée le jour J.** " Phebora
>
> " J'ai ajouté 1 c. à soupe de crème fraîche à la sauce. **Un délice avec du riz basmati !** " Elodisco
>
> " **J'ai remplacé les oignons grelots par 2 gros oignons émincés.** Pour la sauce, j'ai ajouté une boîte de bisque de homard et c'était parfait ! " Virginie_22

Astuce : Si la sauce est trop acide, ajoutez ½ ou 1 morceau de sucre et laissez-le fondre.

❶ Pelez et **hachez les échalotes.**

❷ Pelez et **pressez la gousse d'ail.**

❸ **Pelez les oignons** grelots.

❹ **Coupez les tomates pelées** en morceaux.

❺ Dans un bol, **délayez le concentré de tomates dans le vin blanc.**

❻ Dans une cocotte en fonte, faites chauffer le beurre et l'huile puis **faites-y colorer les tranches de lotte** à feu vif.

❼ Une fois qu'elles sont bien dorées, **flambez-les avec le cognac.** Déposez ensuite les tranches de lotte sur une assiette.

❽ **Dans la même cocotte, mettez les échalotes, l'ail, les oignons grelots, les tomates et le concentré de tomates délayé.** Salez, poivrez, ajoutez le piment et **laissez mijoter environ 20 min à découvert.**

❾ **Remettez la lotte dans la sauce, couvrez et laissez cuire encore 20 min.**

❿ Accompagnez de pommes de terre et de carottes cuites à la vapeur.

ŒUF COCOTTE AU SAINT-NECTAIRE

Pour 2 personnes
Préparation 15 min
Cuisson 20 min
Très facile
Coût

① Préchauffez le four à 180 °C (th. 6).

② **Répartissez la crème fraîche et le saint-nectaire dans 2 ramequins** allant au four.

③ **Enfournez pour 15 min** en remuant de temps en temps pour que le fromage fonde uniformément.

④ Quand le mélange crème-fromage est bien lisse, **ajoutez quelques lanières de jambon blanc et cassez 2 œufs dans chaque ramequin.** Salez, poivrez puis remettez au four pour 5 bonnes minutes.

⑤ Savourez avec des mouillettes de pain.

> Top des avis :
> "**Simple et très bon.** Je n'ai mis qu'un œuf par personne pour un dîner, accompagné d'une salade d'endives aux noix." Regine220
>
> "Un plat rapide et excellent, **j'ai parsemé chaque ramequin de ciboulette** pour donner un peu plus de goût." Estrella1712
>
> "**J'ai remplacé le saint-nectaire par du gruyère râpé** et c'était excellent." Cleodu57
>
> **Astuce** : Remplacez le jambon par du bacon.

Saint-nectaire
(200 g)
Jambon blanc
(1 tranche)
• Œufs (4) • Crème fraîche
(20 cl) • Sel, poivre

Queue de lotte (1 kg)
Tomates (4)
Poivrons rouges (2)
Curcuma (½ c. à café)
Paprika (½ c. à café)
• Crème fraîche (50 cl)
• Huile d'olive (4 c. à soupe)
• Sel, poivre

QUEUE DE LOTTE FAÇON GRAND-MÈRE

Pour 4 personnes
Préparation 15 min
Cuisson 20 min
Très facile
Coût

❶ **Coupez la lotte** en morceaux.

❷ Dans une sauteuse, **faites revenir la lotte** dans 2 c. à soupe d'huile d'olive. Mettez de côté.

❸ **Émincez les poivrons en lanières fines et coupez les tomates en morceaux.**

❹ Dans la sauteuse, **faites revenir les légumes avec les épices** dans 2 c. à soupe d'huile.

❺ **Ajoutez la lotte**, salez, poivrez et mélangez bien.

❻ **Quelques minutes avant de servir, ajoutez la crème fraîche.** Laissez mijoter quelques minutes.

❼ Servez accompagné de riz blanc et de carottes vapeur.

Top des avis :
" Excellent. **J'ai rajouté un oignon coupé en dés et des épices à couscous.** " Catherine_2396

" C'était très bon. **J'ai mis des poivrons de toutes les couleurs pour que la présentation soit encore plus belle.** " Charlotte_445

" Très bonne recette. **J'ai mis une pincée de gingembre et un soupçon de piment de Cayenne.** " Clelie08

Astuce : Vous pouvez utiliser des queues de lotte surgelées décongelées et des tomates concassées en boîte.

PINTADE AUX POMMES

Pour 4 personnes
Préparation 30 min
Cuisson 1 h 45
Très facile
Coût

> **Top des avis :**
> " Très bon. Après la cuisson, **j'ai ajouté une boîte de marrons aux pommes.** La viande était très moelleuse. " Lamere01
>
> " Super recette, la pintade n'est pas grasse et bien moelleuse. **Avant de déposer la pintade, j'ai saupoudré les pommes (des juliet) d'un peu de gingembre en poudre.** " Catherine
>
> " Pintade moelleuse, rien à redire. **J'ai utilisé des pommes fuji qui ne s'écrasent pratiquement pas**, ce qui permet une jolie présentation. " Michelle_486

Astuce : Pour une sauce plus épaisse, ajoutez, juste avant de servir, 1 c. à soupe de Maïzena au jus de cuisson et laissez chauffer quelques minutes en remuant.

Préparer une pomme

❶ Préchauffez le four à 210 °C (th. 7).

❷ **Enveloppez la pintade dans la barde de lard** après l'avoir salée et poivrée.

❸ **Faites revenir la pintade** dans une cocotte avec le beurre pour qu'elle soit bien dorée. Sortez la pintade de la cocotte et jetez la graisse.

❹ **Épluchez les pommes** puis coupez-les en grosses lamelles.

❺ **Recouvrez le fond de la cocotte** avec les lamelles de pommes.

❻ **Déposez la pintade dessus** puis arrosez avec le cidre et le calvados.

❼ **Placez la cocotte au four** avec le couvercle et laissez cuire pendant **1 h 30**.

❽ Servez la pintade entourée des pommes.

Pintade (1)
Pommes granny-smith ou golden (6)
Cidre (50 cl)
Lard (1 petite barde)
• Beurre (10 g) • Calvados (3 c. à soupe)
• Sel, poivre

Gigot ou épaule d'agneau (1,5 kg)
Miel (6 c. à soupe)
Thym séché
• Ail (2 gousses) • Beurre
• Sel, poivre

recette proposée par **Olivia_376**

GIGOT OU ÉPAULE D'AGNEAU AU MIEL ET AU THYM

Pour 6 personnes
Préparation 10 min
Cuisson 45 min
Très facile
Coût

❶ Préchauffez le four à 180 °C (th. 6).

❷ **Tartinez généreusement le gigot de miel** sur toutes ses faces (une couche de 5 mm d'épaisseur).

❸ **Parsemez-le de thym séché.** Salez et poivrez.

❹ **Ajoutez quelques noisettes de beurre** sur et autour du gigot.

❺ **Coupez les gousses d'ail épluchées en quatre et disposez-les sur et autour du gigot.**

❻ **Enfournez le gigot pour 45 min.** Arrosez-le régulièrement avec son jus (ajoutez un filet d'eau si nécessaire).

❼ Dégustez ce gigot avec un gratin dauphinois et des fagots de haricots.

> Top des avis :
> "Un délice ! **J'ai utilisé du miel de romarin** et ajouté quelques feuilles de sauge." Mareli
>
> "Une demi-heure avant la fin, **j'ai** filtré la sauce de la cuisson, remis la viande dans la cocotte avec la sauce et **ajouté des abricots en conserve et des abricots secs.**" Josee14
>
> "**J'ai cuit mon épaule en cocotte pendant 4-5 h à feu doux** et j'ai ajouté des carottes et des pommes de terre pendant la cuisson." Alix_6

Astuce : Pour que la viande s'imprègne bien des saveurs, laissez-la mariner dans le miel avec le romarin et l'ail plusieurs heures avant de la cuire, voire toute une nuit.

recette proposée par **Ysaly**

CHAPON FARCI DE NOËL

Pour 8 personnes
Préparation 45 min
Cuisson 2 h 30
Difficile
Coût

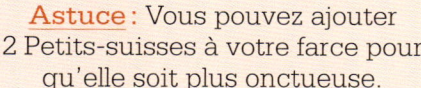

Top des avis :
" Excellente recette qui a été très appréciée par toute la famille. **J'ai rajouté autour des châtaignes, des champignons et des héliantis.** " Patorion

" La farce est excellente ! J'ai mis un peu plus d'échalotes et une demi-tête d'ail **et tout le monde l'a appréciée.** " Laurent_1156

Astuce : Vous pouvez ajouter 2 Petits-suisses à votre farce pour qu'elle soit plus onctueuse.

1. Préchauffez le four à 180 °C (th. 6).
2. **Hachez le persil, la gousse d'ail et l'échalote** finement.
3. **Plongez les épinards dans de l'eau bouillante salée** et laissez-les cuire 8 min.
4. **Égouttez-les, pressez-les bien** pour ôter le maximum d'eau puis déposez-les sur du papier absorbant.
5. **Trempez rapidement la mie de pain dans le lait, puis émiettez-la** grossièrement.
6. **Hachez le foie du chapon.**
7. **Coupez le foie gras en petits morceaux.**
8. **Mettez tous les ingrédients dans un grand saladier,** y compris l'œuf. Salez et poivrez. **Mélangez bien.**
9. **Farcissez le chapon** de cette préparation puis cousez-le avec du fil de cuisine pour éviter que la farce ne s'échappe à la cuisson.
10. **Huilez le chapon** avec un pinceau, déposez-le dans un plat puis **parsemez-le de 3-4 lamelles de beurre.**
11. **Couvrez-le** avec du papier d'aluminium et **enfournez. Laissez cuire 1 h 30, en arrosant régulièrement le chapon** avec le jus de cuisson.
12. Au bout de ce temps, ôtez le papier d'aluminium et **laissez dorer le chapon** sous toutes les coutures en le retournant et en l'arrosant toutes les 15 min pendant au moins 1 h.
13. Vérifiez que le chapon est bien cuit et servez-le sans attendre, accompagné de fagots de haricots verts et d'une cuillerée de farce par personne, et, éventuellement, de pommes duchesse.

Chapon (1, d'environ 3 kg)
Le foie du chapon ou foie de lapin (100 g)
Épinards frais (200 g)
Foie gras mi-cuit (50 à 70 g)
• Persil (1 bouquet) • Échalote (1)
• Ail (1 gousse) • Mie de pain (1 grosse poignée) • Lait (15 cl) • Œuf (1 gros ou 2 petits) • Huile • Beurre
• Sel, poivre

Glace vanille (½ l)
Génoise (1 morceau)
Fruits confits (100 g)
Kirsch (3 c. à soupe)

Pour la meringue :
• Blancs d'œuf (3) • Sucre glace (75 g)
• Sucre semoule (75 g)

Pour le sirop de sucre :
• Sucre (150 g)
• Eau (25 cl)

OMELETTE NORVÉGIENNE

Pour 6 personnes
Préparation 1 h 30
Repos 5 h
Cuisson 10 min
Facile
Coût

Top des avis :
" Recette délicieuse ! **J'ai imbibé ma génoise d'eau de fleur d'oranger.** " Peggy_355.

" **À la place du gril, j'ai utilisé un chalumeau,** cela permet de dorer la meringue plus uniformément. " Cédric_83

Astuce : Pour une jolie déco, garnissez une poche munie d'une douille cannelée de meringue et déposez des « tas » de meringue sur la génoise.

❶ **Faites macérer les fruits confits dans la moitié du kirsch** 1 h au réfrigérateur.

❷ Sortez la glace à la vanille du congélateur 15 à 20 min avant de l'utiliser pour qu'elle soit plus maniable.

❸ **Mélangez les fruits confits macérés dans le kirsch à la glace à la vanille.** Placez au congélateur.

❹ Préparez le sirop de sucre : dans une casserole, **faites chauffer l'eau et le sucre** à feu doux en mélangeant avec une spatule. Retirez le sirop dès le premier bouillon. **Laissez-le refroidir puis aromatisez-le avec le reste du kirsch.**

❺ **Coupez la génoise en deux** dans l'épaisseur.

❻ À l'aide d'un pinceau, **imbibez les 2 moitiés de génoise avec le sirop parfumé au kirsch.**

❼ Placez-les au congélateur au moins 1 h.

❽ **Déposez une moitié de génoise dans le fond d'un moule ovale puis répartissez la glace à la vanille aux fruits confits** dessus.

❾ **Façonnez la génoise restante pour qu'elle recouvre complètement la glace.**

❿ **Décorez avec des fruits confits et remettez au congélateur** pour au moins 3 h.

⓫ Préparez la meringue : **battez les blancs d'œuf en neige ferme** en incorporant le mélange des 2 sucres.

⓬ À l'aide d'une spatule, **recouvrez toute la surface de la génoise de meringue.**

⓭ Cinq minutes avant de servir l'omelette, **passez-la sous le gril du four** pour que la meringue soit dorée.

recette proposée par **Stefan**

PETITS BISCUITS DE NOËL À LA CANNELLE

Pour 6 personnes
Préparation 20 min
Repos 12 h
Cuisson 15 min
Très facile
Coût

❶ Dans un saladier, **versez la farine, faites un trou au centre.**

❷ **Déposez le beurre coupé en dés, la cannelle, le sucre, le zeste de citron et les œufs entiers.**

❸ **Mélangez du bout des doigts** de manière à obtenir une pâte souple.

❹ **Formez une boule.** Laissez reposer la pâte une nuit au réfrigérateur, emballée dans du film alimentaire.

❺ Préchauffez le four à 180 °C (th. 6).

❻ Sur un plan de travail fariné, **étalez la pâte sur 0,5 cm d'épaisseur.**

❼ **Découpez des formes** à l'aide d'emporte-pièce.

❽ **Disposez les biscuits sur une plaque beurrée, dorez-les au jaune d'œuf.**

❾ **Faites cuire les biscuits** au four pendant **15 min.**

> Top des avis :
> " Excellent. **J'ai divisé la pâte en deux pour un goût cannelle et un goût « saveur pain d'épices ».** "
> Dominique_2143

" J'ai essayé avec le zeste d'une orange à la place du citron, c'est encore meilleur. " Miminova

" **J'ai aromatisé ma pâte avec une huile essentielle de mandarine, citron, pamplemousse,** c'est mieux que le zeste. " Melina73

Astuce : Pour pouvoir étaler la pâte facilement, pensez à la sortir du réfrigérateur 20 à 30 min avant de l'étaler.

Citron non traité (1 zeste)
- Farine (500 g)
- Beurre (250 g)
- Cannelle (1 c. à soupe)
- Sucre (250 g) • Œufs (3) + jaune d'œuf (1)

Écorces d'orange confite (150 g)
Chocolat pâtissier (200 g)

ORANGETTES AU CHOCOLAT

Pour 10 personnes
Préparation 30 min
Repos 1 h
Facile
Coût

❶ **Coupez les écorces d'orange en fines lamelles.**

❷ **Faites fondre le chocolat** au bain-marie à feu très doux.

❸ Quand le chocolat est fondu et lisse, **plongez-y les lamelles d'écorces confites** de manière à les recouvrir de chocolat.

❹ Retirez-les à l'aide d'une cuillère puis **disposez-les sur un plateau recouvert de papier d'aluminium.**

❺ **Placez les orangettes dans un endroit frais** pendant 1 à 2 h, afin de faire durcir le chocolat.

❻ Conservez les orangettes au frais.

Top des avis :
" Pour des orangettes moins sucrées, faites bouillir des petits bâtonnets d'écorce fraîche d'orange 1 min, séchez-les à l'air sec ou au four, puis trempez-les dans le chocolat." Dominique_954

" J'ai préparé les orangettes en les faisant cristalliser dans la même quantité de sucre + 10 cl d'eau (7 oranges = 250 g d'écorces + 250 g de sucre)." Jessica_122

Réaliser des orangettes

Astuce : Sur le même principe, réalisez des fraises au chocolat en utilisant des fraises fraîches.

recette proposée par
Cedric_13

SABAYON AUX MARRONS GLACÉS

Pour 6 personnes
Préparation 15 min
Cuisson 10 min
Moyennement difficile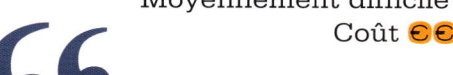
Coût €€€

> Top des avis :
> " **Un bon truc, utilisez un marsala « ordinaire »** qui sera moins sucré qu'un marsala aux amandes par exemple. " CloDindon
>
> " **Je n'ai jamais vu une manière aussi simple de ne jamais rater un sabayon,** un grand merci ! "
> AliceB

Astuce : Remplacez le marsala par la même quantité de porto ou par 1 c. à café d'extrait d'amande amère.

Réaliser un sabayon

❶ **Mettez les jaunes d'œuf dans une petite casserole.**

❷ **Ajoutez le vin blanc sec** (qui, par son acidité, va empêcher toute coagulation) et battez légèrement au fouet.

❸ **Ajoutez les différents sucres et fouettez 1 min.**

❹ **Placez sur feu doux.** Touchez la casserole et, lorsque vous sentez la moindre chaleur, **versez le vin blanc moelleux en filet** tout en fouettant, sans lâcher la casserole. La chaleur doit constamment être supportable : cette méthode remplace le bain-marie.

❺ Fouettez énergiquement, jusqu'à ce que le mélange devienne mousseux et moins liquide.

❻ **Terminez en incorporant le marsala.**

❼ Retirez du feu et fouettez encore 1 min.

❽ **Cassez les marrons en morceaux dans 6 bols allant au four.**

❾ **Nappez-les du sabayon.**

❿ Au moment de servir, **posez les assiettes sous le gril du four chaud** et laissez ainsi jusqu'à ce que le dessus soit bien doré.

Jaunes d'œuf (8)
Vin blanc sec (5 cl)
Vin blanc moelleux (10 cl)
Marsala (5 cl)
Marrons glacés (12)
• Sucre cristallisé (125 g)
• Sucre vanillé (1 sachet)

Pour le biscuit :
• Sucre (140 g) • Farine (150 g) • Œufs (3) • Citron (½) • Levure chimique (½ sachet) • Sucre vanillé (1 sachet) • Liqueur de fruit (1,5 cl) • Huile • Sel

Pour la mousse au chocolat :
Chocolat pâtissier (100 g) • Œufs (3) • Sel

Pour la crème au beurre :
• Beurre (120 g) • Sucre glace (100 g) • Œuf (1) • Café soluble, chocolat fondu ou Grand Marnier (2 c. à café) • Liqueur de fruit (2 c. à soupe)

recette proposée par
Nadine_37

BÛCHE DE NOËL

Pour 10 personnes
Préparation 2 h
Cuisson 10 min / Repos 14 h
Moyennement difficile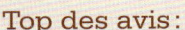
Coût 😊😊😊

> **Top des avis :**
> " Juste un petit truc à savoir : **surveiller la cuisson du biscuit avec beaucoup d'attention car il ne faut pas qu'il se casse lorsqu'on l'enroule sur lui-même** et il doit être bien malléable ! " Csma
>
> " Un vrai bonheur !
> Le biscuit déroute un peu au sortir du four mais s'assouplit en refroidissant et devient «roulable» après avoir été punché avec la liqueur (j'ai pris du Grand Marnier). **J'ai ajouté une noisette de beurre dans la mousse parce que je suis gourmand. ;-)** " Guillaume_625
>
> " **J'ai préparé la mousse la veille** pour qu'elle soit bien prise au moment de faire la bûche. " Caroline_2682

Réaliser une bûche de Noël

Pour le biscuit :

❶ Préchauffez le four à 210 °C (th. 7).

❷ Séparez les blancs des jaunes d'œuf.

❸ Dans un saladier, **battez le sucre et les jaunes d'œuf** jusqu'à ce que le mélange blanchisse.

❹ **Ajoutez le jus de citron.**

❺ Dans un autre saladier, **battez les blancs d'œuf en neige.**

❻ **Versez-les dans un saladier et ajoutez la levure, une pincée de sel, le sucre vanillé, la farine et les blancs en neige.**

❼ **Huilez une plaque** à biscuit et versez la pâte dessus (égalisez bien pour que l'épaisseur du biscuit soit homogène).

❽ **Enfournez** sur la partie haute du four pour 10 minutes.

❾ Laissez le biscuit refroidir.

Pour la mousse au chocolat :

❿ **Faites fondre le chocolat** au bain-marie.

⓫ Séparez les blancs des jaunes d'œuf.

⓬ **Ajoutez une pincée de sel aux blancs d'œuf et battez-les en neige.**

⓭ **Versez peu à peu le chocolat fondu sur les jaunes d'œuf** en remuant énergiquement.

⓮ **Incorporez les blancs en neige** avec une spatule.

⓯ Placez la préparation au réfrigérateur.

(La suite de la recette, page suivante)

BÛCHE DE NOËL (SUITE)

Top des avis :

" C'était ma première bûche ; **elle était excellente, faite avec du chocolat au lait et de la liqueur de cassis.** " Murielle_528

" Superbe ! **J'ai remplacé le café soluble par du cappuccino, j'ai mis de la fleur d'oranger dans la crème au beurre et de la liqueur de café dans le biscuit.** " Aurélie_3678

" **Un vrai succès pour ma première bûche !** En tant que vraie Lorraine, j'ai rajouté quelques mirabelles à l'intérieur et de l'eau-de-vie de mirabelle pour la crème au beurre. " Mimice57

Astuce : Surveillez bien la cuisson du biscuit : il doit rester malléable sinon il risque de se casser lorsque vous le roulerez.

Pour la bûche :

⓰ **Une fois le biscuit refroidi, démoulez-le** sur un torchon propre.

⓱ Découpez la croûte du biscuit.

⓲ Dans un bol, **diluez la liqueur dans 3 cl d'eau tiède et imbibez le biscuit** de ce mélange.

⓳ **Tartinez le biscuit de mousse au chocolat.**

⓴ **Roulez très délicatement le biscuit tartiné** et enveloppez-le dans un torchon. Déposez la bûche au réfrigérateur pendant au moins 2 h pour que la mousse prenne.

Pour la crème au beurre :

㉑ Dans une casserole, **faites fondre le beurre avec le sucre glace** jusqu'à ce qu'il mousse.

㉒ **Ajoutez l'œuf puis le café** (dilué dans un fond d'eau) **et la liqueur de fruit.**

㉓ **Sortez le biscuit roulé du réfrigérateur, puis tartinez-le de crème au beurre.**

㉔ Placez la bûche au réfrigérateur toute une nuit.

INDEX

A
- Aligot — 38
- Aumônières aux noix de Saint-Jacques — 110

B
- Baba au rhum — 58
- Bûche de Noël — 140
- Blanquette de veau — 40
- Bœuf bourguignon — 14

C
- Cassoulet — 48
- Confiture de lait au sel de Guérande — 88
- Confiture de potiron et de pommes — 74
- Chapon farci de Noël — 130
- Chocolat chaud aux guimauves — 84
- Chou farci en cocotte — 16
- Clafoutis aux cerises — 100
- Crème renversée — 104
- Crêpes à la fleur d'oranger — 96
- Croquants provençaux — 80

D
- Daube à l'ancienne — 26

F
- Flan aux œufs — 94
- Fondant au chocolat — 56

G
- Gâche vendéenne — 82
- Gâteau de semoule à la vanille — 90
- Gâteau marbré — 72
- Gâteau roulé à la confiture — 70
- Gaufres légères — 86
- Gigot de sept heures — 116
- Gigot ou épaule d'agneau au miel et au thym — 128

G (suite)
- Gratin dauphinois — 36
- Gratin de pâtes au jambon — 20

H
- Hachis parmentier — 28

L
- Lapin aux pruneaux — 30
- Lapin en civet à l'ancienne — 22
- Lotte à l'armoricaine — 120

M
- Madeleines au rhum — 102
- Magrets de canard au miel — 46
- Mousse au chocolat — 64

N
- Navarin d'agneau — 42

O
- Œuf cocotte au saint-nectaire — 122
- Omelette norvégienne — 132
- Orangettes au chocolat — 136

P
- Pain d'épices — 76
- Pain perdu — 92
- Petit salé aux lentilles — 54
- Petits biscuits de Noël à la cannelle — 134
- Pintade aux pommes — 126
- Poêlée de pâtisson — 44
- Pot-au-feu — 18
- Potée aux navets — 24
- Poularde rôtie aux fruits d'hiver — 114
- Poule au pot — 52
- Purée de potimarron — 32

Q	Quatre-quarts	98
	Queue de lotte façon grand-mère	124
R	Ragoût de lentilles vertes	34
	Ratatouille	50
	Riz au lait	78
S	Sabayon aux marrons glacés	138
	Semoule au lait et coulis de figues	68
T	Tarte potimarron, lardons et oignons caramélisés	12
	Tarte amandine aux poires	62
	Tarte Tatin	60
	Terrine de canard aux noisettes et pistaches	108
	Terrine de pâté forestier	10
	Tourte aux foies et aux gésiers confits	112
	Truite fondante aux amandes	118
V	Velouté de panais et de courgettes	8

CRÉDITS PHOTO

Manina Hatzimichali : p. 13, p. 22, p. 25, p. 30, p. 34, p. 45, p. 53, p. 85, p. 90, p. 94, p. 111, p. 120, p. 124, p. 139.

Getty : Duncan : couverture, p. 102.

Sucré Salé : Amiel : p. 128 ; Amon : p. 118 ; Bagros : p. 86, p. 127 ; Bilic : p. 14, p. 54, p. 65, p. 78 ; Court : p. 81 ; Cultura Creative : p. 29 ; Fotospring : p. 74 ; Japy : p. 93, p. 123 ; Nicoloso : p. 10, p. 17, p. 93 ; Norris : p. 136 ; Lawson : p. 9 ; Marielle : p. 46 ; Radvaner : p. 37 ; Riou : p. 38, p. 82, p. 105, p. 116 ; Roulier /Turiot : p. 18, p. 21, p. 50, p. 61 ; Ryman : p. 49 ; Ryman / Cabannes : p. 119 ; Studio : p. 42, p. 69, p. 89, p. 108 ; Subiros : p. 135 ; Sudres : p. 41, p. 77 ; Thys / Supperdelux : p. 70, p. 97, p. 132 ; Vaillant : p. 112 ; Veigas : p. 115, p. 131 ; Viel : p. 26, p. 57, p. 58, p. 62, p. 73, p. 98, p. 101, p. 140.